勝つ、ではなく、負けない。

結果を出せず、悩んでいるリーダーへ

FC町田ゼルビア監督
黒田 剛

はじめに

prologue

一昨年、2022年秋のことです。その時、私は多くの批判にさらされていました。

「高校とプロとではレベルが違う」

「Jリーグを甘くみている」

「1年ももたずに解任されるだろう!」

高校サッカー部の監督だった私が、プロリーグの監督に就任するという話が一部のメディアで流れると、SNSなどで批判や否定的なコメントが数多く拡散されました。もちろん期待の声もありましたが、あるサッカーメディアでは今シーズン最初に解任される監督候補No.1に選出されるという、とても不名誉なものまであったことを今でも覚えています。

理由としては、高校サッカーから即プロチームの監督への「キャリアチェンジ」は過去に前例がないこと。ただそれだけで、明確な根拠がないようなコメントばかりでした。

このようなネガティブな意見に対して、私は「結果で応えるしかない」と、強く決心しました。しっかりとした理由もない批判には、一つひとつ反論するのではなく、根拠を示しながら行動や結果で証明していくしかありませんし、プロですからそれが当然だと覚悟は決めていました。

そして、２０２２年10月24日、私が青森山田高校サッカー部の監督を退任し、Ｊ２リーグ（Ｊリーグ２部）ＦＣ町田ゼルビアの監督に就任することが、クラブのＨＰで正式に発表され、52歳の新人監督としての挑戦が始まりました。

よくスポーツの指導者や経営者に聞かれる質問があります。

なぜ、短期間で組織を蘇生させることができたのか？

なぜ、J2で下位に低迷していたチームをたった1年で優勝させることができたのか？

なぜ、今回のキャリアチェンジが成功したのか？

本書では、これらの疑問に対する答えとして、初めて手の内をすべてお伝えしていきます。ひとえに日本のサッカー界やスポーツ界全体の、もっといえばビジネス全般への応用や個々の人生の転機のヒントになればと思っているからです。

私の前身は教師ですから、授業は短い方がいいと経験上わかっています。ということで、4限――つまり4つのテーマ――で、この疑問について記していきたいと思います。

私の言葉や思考、習慣、具体的な方法論などが皆さんの背中を押すことができるなら、これ以上幸いなことはありません。

次の「挑戦者」は、あなたです。

今だから言えますが開幕前は……いえ、シーズン中もずっと、不安とプレッシャーで押し潰されそうな重い感覚は感じていました。常に孤独と葛藤。ただ、これは人生を懸けて「挑戦」する人のみが知ることのできる悩みかもしれません。

サッカーフリーク以外にはあまり知られていませんが、高校サッカー部の監督から直接Ｊクラブの監督になるという前例は、過去にありませんでした。

高校サッカー部監督出身というと、尊敬してやまない千葉・市立船橋高校の元監督・布啓《ぬの》一郎さん（現Ｊ３ ＡＣ長野パルセイロヘッドコーチ）ぐらいでしょうか。布さんは高校からＪＦＡ（日本サッカー協会）に入りアンダー世代の監督などを歴任した後、ザスパクサツ群馬、松本山雅

FC、FC今治などで監督を務められました。今回のように高校の指導者が、ダイレクトにJクラブの監督へというのは、日本サッカーの歴史で初の出来事です。

「結果を残せたら、高校サッカーを指導する者のキャリアの選択肢が増え、プロの世界に挑戦したいと考えている指導者の希望の光にもなる」

今回の決断には、そんな使命感にも似たような想いもありました。高校サッカーの監督や指導者の置かれている環境や、その待遇は、お世辞にも恵まれているとは言えません。また教員としての多忙な業務もあるため、自らの家庭や生活を犠牲にしてでも「勝ちたい」「育てたい」と思える「情熱」や「想い」なくして続けられる仕事ではありません。

青森山田高校のサッカー部監督を務めた28年の間に、3度の全国高等学校サッカー選手権大会優勝を含む、計7度にわたり日本一のタイトルを獲得しました。全国から多くの選手が入部を希望し、教え子の中から柴崎岳（元日本代表、鹿島アントラーズ）や室屋成《せい》（元日本代表、ハノーファー96）、松木玖生《くりゅう》（ギョズテペSK）などがJリーグ、日本代表へと巣立っていきました。

FC町田ゼルビア（以下、ゼルビア）の監督に就任後、私はすぐに動きました。

2022年シーズン15位（J2は当時全22チーム）のチームを任された私は、短期間でチームを蘇生させるために、最適なスタッフを集め、新たに19名の選手が加入しました。

2023年J2シーズンは1月10日に本格的な指導を開始、1月16日にキャンプで沖縄入り。リーグ開幕が2月19日のベガルタ仙台戦なので、もう1ヵ月しかありません。この短期間に私は何をしたか。

後ほど詳しく記しますが、昨年のゼルビアの試合を振り返り、特に「50失点」した全シーンを分析し、結果を選手に伝えました。守備において、やっていいことと悪いことを整理し、原理原則を追求し、厳しく言及していきました。そこに攻撃オプションをプラス。また、オン・ザ・ピッチとオフ・ザ・ピッチにおける改善すべき習慣も、選手たちにどんどん求めていきました。

以下が本格的に稼働を始めた約1ヵ月間の沖縄や宮崎で行ったトレーニングマッチの結果です（※2023年J2／シーズン開幕前の試合結果）。

●1月19日　VSコンサドーレ札幌　2―1
（得点者：黒川、荒木）
●1月21日　VS京都サンガF.C.　3―1
（得点者：内田、練習生、平河）
●1月23日　VSヴィッセル神戸　非公開

●1月27日　VS鹿島アントラーズ　3－0
（得点者：佐藤、沼田、練習生）
●2月1日　VSサンフレッチェ広島　2－1
（得点者：ミッチェル・デューク、沼田）
●2月2日　VS九州産業大学　6－1
（得点者：佐藤、練習生、佐藤、佐藤、練習生、OG）

練習試合の結果とはいえ、無敗。J1の優勝経験チームにも勝利できました。付け加えるなら、合宿が終わり関東へ戻った後、浦和レッズとの試合にも勝利。何より大事なのは、試合の中身です。2022年シーズン15位に終わった原因の一つである失点を、結果としてかなり減らすことができました。

2023年2月にJ2リーグが開幕。初戦のベガルタ仙台戦を引き分けでスタート。その後、6連勝。第10節以降は一度も首位を譲らず、Ｊ２優勝。たった１年でＪ１昇格を果たすことができました。

そして２０２４年。ゼルビアにとって初のＪ１の挑戦が始まりました。目標はリーグ５位以内に入ることですが、一昨年同様、サッカーファンやメディアから「Ｊ１昇格の初めての年で何を言っているのか！」「Ｊ１では通用しないだろう」という否定的な意見が出ています。もちろん容易なことでないのは、十分理解しています。

ただこれは、自分自身への挑戦だと思っています。低い目標を掲げるより、高い目標を掲げ、厳しい日常を貫き通していく方が、自分らしい生き方だと感じているからです。

CONTENTS

目次

【2限目】チームマネジメント……68

目次
CONTENTS

目次

CONTENTS

【4限目】育成・指導

目次
CONTENTS

【1限目】

first period_organization

組織

1限目では「組織」についてお話しします。
強い組織を作る、または
低迷しているチームを再生させるためには、
リーダーが知っておくべき、12のルールがあります。
FC町田ゼルビアの監督就任後、
前年J2で15位だったチームを
短期間で変革したことを例にして、
各ポイントを紹介していきます。

Rule 1

目標を高く設定する

～優勝を目指さなければ、優勝はできない～

歓喜の時が、FC町田ゼルビア（以下、ゼルビア）に訪れました。2023年10月22日、J2リーグ第39節のロアッソ熊本（アウェイ）に3対0で勝利。2位以内が確定し、J1昇格を決めました。ゼルビア史上初めてのJ1リーグ昇格です。

町田市は東京都の南西部に位置する人口約43万人（2024年5月現在）の街。約50年前に小学生のチームとして生まれたゼルビアにとって、歴史的な1日となりました。

早朝から熊本市内の空は好天そのもの、チームカラーであるブルーがまるで大きな帯のようにどこまでも続き、約1000km離れた町田市内のパブリックビューイングで応援してくださっている市民やサポーターを繋いでいました。

しかし、勝利はたやすく手に入るものではありません。

試合前半は膠着《こうちゃく》状態。

重い空気を打ち破ったのは高校時代の教え子でした。前半44分、青森山田高出身で19歳（当時）の宇野禅斗《ぜんと》選手の強烈なミドルシュートで先制し、目が覚めたかのようにチーム全員の動きがよくなりました。後半7分にMF高橋大悟選手が左足で追加点を決め、9分後にMF下田北斗選手がこぼれ球をゴールに叩き込みました。試合終了を告げるホイッスルが鳴り、選手、スタッフ、ファン・サポーター、そしてクラブをずっと取材し続けてきた記者を含め、すべての関係者が喜びを爆発させました。まさにクラブが長年追い求めてきた悲願のJ1昇格の瞬間でした。

無論、私も選手やスタッフの輪に入り、グルグルと何度も何度も回り続けて、喜びに浸りました。

ですが、〝本来の目標〟は別。開幕前から私が言い続けてきた言葉があります。

「我々が目指すべきは〝J1昇格〟ではない。〝J2優勝〟だ！」と。

Ｊリーグは１部から３部まであり（２０２４年現在）、昇降格の規定があります。２０２３年の大会方式ではＪ１への昇格は３枠、そのうち２枠はＪ２で１位・２位の成績だと自動昇格が確定。残りの１枠は、３〜６位のチームのＪ１昇格をかけたプレーオフで決まります（※結果、東京ヴェルディがＪ１昇格。２０２４年はＪ１の舞台でゼルビアとヴェルディの通称「東京クラシック」が実現）。

ゼルビアは前年の２０２２年シーズンは15位でしたが、シーズン開幕前からＪ２優勝を狙って準備を進めてきました。

なぜそこまで「Ｊ２優勝」に拘《こだわ》ったのか。

私は過去、青森山田時代に高校サッカー選手権で３度の優勝を果たし、「名将」という過分な称号をもらいました。その結果を実現できたのは、その年のチーム発足時から優勝を目標に掲げ、徹底的にそのための準備をしてきたからです。ベスト８を狙っていたら、それ以上の結果に到達する可能性は低い。もちろん、優勝を狙っていても実現しない場合がほとんどだと思います。ただ、金メダルを狙うから、金メダリストになれる。優勝を狙うから、優勝チームになれる。2位でいいという考えでは、そこにすら届かない可能性が十分あります。優勝を目指すためには、そのための「日常」を構築する必要があります。まさにそこが重要なポイントなのです。チームが優勝を目指す理由はそこにあります。

かつて東日本大震災が発生した2011年に、サッカー女子日本代表〝なでしこジャパン〟はFIFA女子ワールドカップで初優勝を果たし、どれだけ多くの人々に勇気や感動を与えたかわかりません。大会後に佐々木則夫監督（当時）は「ワールドカップではベスト4を目指していたらベスト4以上にはなれない。優勝を目指したチームのみが、優勝できる」と話されていたのを覚えています。まさにその通りなのです。

ただそこで重要なのは、チームとして優勝を目指し続けて「日常」や「取り組み」を充実させることで、何の根拠もなく、日々の意識も低いままで、簡単に目指せるものではありません。勝者のメンタリティをチーム内に根付かせるため、細部に拘り「心技体」におけるハイレベルを意識させ、徹底して積み上げていくのです。日々の「継続」が、無意識の「習慣」となるよう、繰り返し、繰り返し浸透させていくのです。

Rule 2

トップと次点の大きな差を自覚する
～優勝と準優勝のマネジメントは絶対的に違う～

優勝するチームと準優勝に終わるチームには大きな違いがあります。結論を言うと、頂点に辿り着くために必要なのは「思考」と「実践」、そして「習慣」です。

私の経験から話すと、優勝するチームは「隙がないチーム」。隙がないチームは、選手やスタッフ、すべてのメンバーの「思考」や「実践値」が違います。勝つための思考をチームや組織全体で共有し、実践できるチームは強いのです。

もう一つ大事な要素は「習慣」です。

良い習慣、勝つための習慣というものがあって、いかに早い段階でチーム内にこの習慣を浸透させることができるか。そうすることでチームから良い発想、良い判断、良い行動というものが自然に生まれてきます。これが組織を蘇生させる「鍵」になります。詳しくは後ほど述べていきます。

こういった思考や習慣を1日でも早くチームに浸透させ、確立させます。勝つための「思考」が身につくのに伴い、選手たちが前向きになっていくと、監督が細かいことを言わなくても自ら良い判断と行動をとっていくようになります。こういった流れや歩み方が自然と出てくるよう洗練させていくことが「勝つ組織」にとって最も重要な要素になるのです。

私たちはプロチームです。サッカー選手として、監督として、プロフェッショナルを徹底して目指していかなくてはなりません。他の競技でもビジネスでも同じかもしれませんが、やるからには「頂点」を目指し、細部にわたり良い習慣を積み上げていくことが重要なのです。青森山田高校で監督をしてきた28年間もそうでしたが、日本一を目指さない選手は一人もいなかったと記憶しています。

J1昇格を目指すために2位以内を目標とした時点で、優勝を目指すチームマネジメントは絶対にできません。何度も言いますが、優勝と準優勝のマネジメントは絶対的に違います。組織を率いるリーダーは、ナンバーワンを目指すという信念やモチベーションを持って臨まなければいけません。

Rule 3

原理原則を徹底させる
～1ヵ月で組織を変える～

チーム改革で最も大事なのはチームや組織を貫く一本の筋のようなもの。つまり、いつでも立ち返ることのできる原理原則、すなわちチームの「寄りどころ」が絶対的に必要だと考えています。

それがあれば、チームの方向性がブレず、問題が起きたとしてもチームは大崩れせずにコントロールできるのです。

例えば、青森山田時代から貫く「サッカー3原則」があります（細かく言えばもっともっとありますが……）。

1、球際の強さ

2、切り替えの速さ

3、ハードワーク（運動量の多さ）

サッカーはシーズンを通して勝つ時もあれば、負ける時もあります。負けた時や、不具合が生じた時には、チームで掲げたベースに立ち返って、軌道修正し再構築していきます。ちなみに、プロ選手は持ち前の感覚と身体に染み込んだ高いサッカースキルがあるので、毎回声に出して言わなくても自分の中で整理して、すぐに理解してくれます。そのあたりは高校生とはまったく違い「さすがだな」と感じるところですね。

ゼルビアの監督に就任して最初に着手したのは、「悪い習慣」の改善です。

ゼルビアの最大の「悪い習慣」は、前年の2022年シーズンの失点の多さにあり、なんと50失点もありました。私は就任してすぐに失点シーンをすべて映像で確認して、失点の原因であるチームの「悪い習慣」を細部にわたり考察し、改善策を打ち出しました。

今後のＪ１で通用するかどうかはまた別の問題として、まずはＪ２で戦っていくための守備ベースを構築し、これを最優先課題として修正していく判断をしました。残酷な話ですが、プロ選手でも高校生よりも劣っている点、いわゆる基本的なプレー（原理原則）が徹底されていない点が多く見受けられたのは逆に新鮮でした。

もちろん、プロですから高校生より優れている点は数多くあります。ですが、指導のプロセスで高校生でもプロ選手でも組織マネジメントについては、指導理念、組織の束ね方、共通認識や共通意識など、基本的には大差ありません。これは高校とプロの両方の監督を経験した私自身の新しい気づきでもありました。

プロであるにもかかわらずやり切れていないことがあったり、緩いトレーニングが習慣化していたり。人によってはプレーに対する取り組みが横柄になっていたり、「俺はプロだ！」という「根拠のないプライド」が邪魔をして、基本的なことを習得する柔軟性や思考力が欠落していたりという点が多く見られました。

「このままではダメだ……」

私は覚悟を決めました。

2023年のJ2開幕までのキャンプ中、昨シーズンまで確立されていなかったことを細かく分析し求め続け、改めてサッカーの「基本的な部分」にチーム全体を向き合わせました。

プロローグにも書きましたが、短期間ではあったものの、原理原則の徹底、守備の共通理解を遵守させたことで、公式戦が始まるまでの6試合のトレーニングマッチでは、鹿島アントラーズなどのJ1のチームを含め、すべてのチームに勝利することができました。もちろんいずれも格上チームに胸を貸していただいていたので、本気度も含めすべての試合が参考になったわけではありませんが。

常に原理原則に立ち返り実践し続けることで「負けないチームになる

かもしれない」「強さを維持できるかもしれない」「このチームは期待できる」と、少しずつですが選手たちの意識が変化していったように感じました。失点しないことが、勝利するためには重要であることがチーム内で共通の認識として生まれてきましたし、この共通認識がチームの基盤づくりや、チームの成長を加速させていくためのベースとなっていったのです。

最初は選手たちも私の指導や求めている内容に半信半疑だったかもしれません。トレーニングを見ていても、何か気概が感じられなかったり、取り組みが甘かったり、プロとしての「キャリア」や「プライド」が随所に見え隠れしたりと、少し状況を窺っているようにも見えました。

何度も言いますが「失点（失敗）の基本的な原因は『原理原則』を怠った悪い習慣にある」のです。ここは、私の指導の本質なのでいくつかの章にわたって書いていきます。

チーム・組織を考える時に、これに勝る言葉はありません。

これは選手にもよく話す例ですが、クルマの運転があります。

免許取り立ての若葉マークの頃は基本に忠実に運転します。ところが、数年経つと基本的な安全確認を怠ったり制限速度を守らなかったり、どうしても緊張感や確認意識が欠落するものです。それがやがて大きな事故へと発展していくのです。ちょっと唐突な例かもしれませんが、サッカーのディフェンスについてもまったく同じようなことが言えるのです。

プロでも何年か経つと同じことが起こる。状況確認やリスク回避を怠る、自分のミスも誰かが何とかしてくれるだろうと、チャレンジとギャンブルを履き違え、少しずつ一か八かの無責任なプレーが増えていく。これが失点の原因となり、改善不能な習慣として根づいていってしまう……。

サッカー初心者の頃に教わった「原理原則」を日々徹底した上で、様々なプレーの応用や経験値を積み上げていくことが大事なのです。2022年シーズンまでの失点には、高校サッカーでも起こり得ないレベルの悪い習慣が確実に残っていました。この状態が改善されないうちはJ2優勝など絶対にあり得ない、もう一度「原則に沿って細かくアプローチしていこう」とチームを立ち上げていきました。
意図しない失点を減らすために、選手たちには映像を見せ、原因を具体的に伝え、改善するよう働きかけました。新しい選手が多数入ってきたこともあり、2022年のチームとは多少異なる状況にありましたが、2023年シーズンは失点を30点以下に抑えることを目標にさらなる改善に取り組んだ結果が以下となりました。
攻守は表裏一体。守備を充実させたことにより得点率も向上したことになります。2023年シーズン、最終的にはリーグ1位の得点数を記録しました。
*2022年シーズン（J2）FC町田ゼルビア・全42試合成績
勝ち点　51ポイント
成績　14勝9分19敗
得点　51点
失点　50点
*2023年シーズン（J2）FC町田ゼルビア・全42試合成績

勝ち点　87ポイント
成績　26勝9分7敗
得点　79点
失点　35点
開幕前には私の監督就任に多くの批判や否定的なコメントが溢れていましたが、コーチングスタッフの多大なる協力のお陰で、私は結果でそれらに応えることができました。

Rule 4
細部まで妥協させない
～セットプレーの重要性～

「リスタートを甘くみているチームは、リスタートに泣くことになる」

サッカーにおいて「リスタート」は、とても重要な要素であると考えています。最後の最後はこういったところで明暗が分かれるのがサッカーです。プロスポーツである以上、すべてが勝負事と捉えるべきです。細部にまで勝負の厳しさを伝えていくことはリーダーとして大切なことで、そこに少しでも疑念や妥協心があれば常勝チームに成長することはありません。

選手は意図してトレーニングしてきたことを、実際の試合で成功体験（達成感）として実感することができれば、納得感や充実感を得ることができるのです。なので実際の試合で意図したセットプレーが1本でも決まることは、チームにとって貴重な転機となるのです。

ゼルビアでもセットプレーの重要性は何度も伝えていきましたが、当初は攻守ともに上手く浸透させることができず、なかなか機能しませんでした。

Rule 5

攻略の糸口は必ずある
～ロングスローは有効な武器～

ロングスローは有効な武器として捉えるべきです。もちろんルールの範囲内に限りますが、使えるものを、戦略の一つとして取り入れることは重要なことだと認識しています。ロングスローについてはいろいろな意見もありますが、海外のクラブや国際試合でも多く見られる手法ですし、一つの手段として考えられます。

ゼルビアでは、セットプレーの練習にかける時間は他チームより長いかもしれません。一般的には試合前日のトレーニングの中で15～20分くらいだと思いますが、ゼルビアの場合は試合の前々日と前日の2日間、入念に行います。

2023年ではシーズンの早いタイミングから、実戦で貴重な先制点に繋がりました。そうなると「これは面白い！」「次は何ができるのか」と選手の興味が急激に変わっていくのがわかります。実感すれば人は即座に変わります。選手はみんな必死ですから「納得感」はチームが結束するチャンスにもなるのです。

「そんなに綺麗にセットプレーで決まることなんてないだろ……」と半信半疑だった選手ほど意識が大きく変わったと思います。「絶対に無理」などということはサッカーにおいても、人生においてもないと思っています。

人と人とがやるスポーツ競技には必ず攻略の糸口はあるのです。

Rule 6

最初のルールづくりがすべてを決める

～チームの思考や意識の統一～

「原理原則」を徹底する。

口を酸っぱくして言っても上手くいかない時もあるのがサッカーであ

り、スポーツです。これはビジネスでも同じではないでしょうか。

ディフェンス陣が守備の原則や細分化したチームルールの徹底を怠り、自らの感覚でやっていた頃のプレーに戻ってしまった途端、失点を重ね、2試合（第37、38節）で6失点してしまったなどということも2023年シーズンの後半には起こりました。

ゼルビアは「失点0、最少失点で抑えて1－0で勝つ」が理想的なコンセプトです。

このようなチームコンセプトに合わせて「身体を張るべきところで逃げてしまう」「ラインアップが遅い（ディフェンスラインを上げない）」「マークの付き方の問題点」などといった観点から選手たちに何度も指摘してきました。当人に編集映像を見せ、自覚させ、チームコンセプトを遵守できないのなら、「試合で起用することは難しい」と突きつけたこともありました。

やはり負けているゲームは、本来やり続けていたことが散漫になり、自己中心的な思考になっていくもの。「チームコンセプト」に意識が向かなくなり、常に「言い訳」を探すようなマイナス思考が定着し、いつの間にか自分勝手な基準を作って、チーム全体の動きにブレーキをかけてしまう。

だからこそ、チームや組織の立ち上げで一番重要なのは、一番最初にチームルールを明確にしておくこと（チーム立ち上げのガイダンスの実施）です。Jクラブの場合は新規加入の選手やスタッフが入る開幕前のキャンプなどが良いタイミングだと思います。

「チームの勝利にマイナスの要因となる選手はチームとして絶対に許さない！」

2023年2月のキャンプでチーム全員にこのことを最初に強く伝えました。そしてこれをチーム全体の約束ごとにするのです。チーム内の良い空気感を維持するためのルールづくりは誰もが理解していたと思います。チーム立ち上げ時に全員にハッキリと伝えることが重要です。選手間においてもマイナス因子を認めない空気感を求め続けたことで、「わがまま」や「自分勝手」な選手は一人も出てこなかったと感じています。シーズン前のキャンプが、監督に就任して一番最初のチームマネジメントでした。

要するに、チーム立ち上げ時のガイダンスで、しっかりとルールを意識させて横道に外れにくい状況を作り、誰か一人がネガティブな空気を出すとチームみんなに咎められるような組織づくりをしていく。これが「強い組織」を作るための最重要ポイントです。

私は2023年シーズン開幕前のキャンプでしっかりとチームの「ベースづくり」をしました。それは私の長い経験の中で、組織が一瞬にして崩れることの怖さを知っているから。長い年月をかけて作り上げた組織であっても、たった一人で壊せるし、それが一瞬のうちに音を立てて崩れる瞬間も「悲劇感」として深く記憶に残っています。だからこそ、横道に逸《そ》れた時、チームが上手くいかない時に、即座に軌道修正し原点に立ち返る作業は何度もやってきました。シーズンを通して連敗することが一度もなかったのは、そんなことも大きく影響しているのではないでしょうか。

ではどういったルール化を進めたのか？

プレーについての細分化されたルールはミーティングやピッチで伝えています。

攻守にわたって細かい決まりごとがありますが、繰り返し行う練習のなかで伝え、試合の動画を見て確認し、再度ミーティングでも伝えていきます。

そして強い組織のベースづくりを進めるなかで、もう一つ大事なことはピッチ外のルールです。

些細なことこそ、チームのベースづくりをする上で重要です。ホテルの食堂へ行く時にサンダルを履いて行かない、ミーティング中にガムを噛まない、人の目に触れた時にだらしないと思われる態度をとらないなど、社会人として当たり前のことばかりですが、今の時代は守れていない人が多い。特にプロはそういうことが曖昧にされていることが多いと感じています。

人の話を聞く態度がなっていなければ強く指摘することもあります。その態度が人として、また社会人として適切な姿勢なのか、そんな些細なことでもチーム全員で理解を深めることで、規律やマナー、礼節やモラルといった常識的な習慣がしっかり改善されていきました。プロだからこそ一人の社会人として、責任を自覚させることも大切な仕事だと思っています。

また、これはルール化やルールの運用にも少し関わってくるので触れておきますが、キャプテンを投票制（総選挙）で決めました。

2024年シーズンもキャンプでキャプテンを投票制で選出しました。しかも、投票には選手だけでなくメディカルスタッフやマネージャー、広報などにも参加してもらいました。なぜだと思いますか？

彼らは表も裏も、選手の「日常」を知っているからです。

チーム内で誰がどのように評価、信頼されているのか、あるいは、そうでないのかということを知る良いきっかけにもなるわけです。様々なものが新たな視点で見えてくるので投票制にしました。他クラブでは監督が決めることが多いと聞いていますが、自分たちが選んだキャプテンを中心にチームづくりをするほうが一体感が生まれますし、仲間から信頼を受けて選ばれたキャプテンにも責任感が生じてきます。

キャプテン1名と副キャプテン2名を決めるための投票方法は無記名。ただし推薦した理由はしっかりと書いてもらいます。

蓋を開けてみると明白でした。

投票結果は非常に興味深く、これまでのチームの状況がよくわかります。普段、直接聞けないような本音や選手間の評価を知ることができ、現場における個人評価の指標にもなるのです。

いずれにしても、最初にルール化しておくことが重要なのです。こういった投票の実施はチームの結束力を高めたり、モチベーションアップにも繋がったりするので有効なイベントだと感じています。メンバーの意外な本音が知れたり、コミュニケーションが深まることにもなります。今ではキャンプのメインイベントになっています。

強い組織のベースづくりによって、2023年シーズンのゼルビアも最終的には家族のような、いい意味で和気あいあいとした組織になりました。「仲間のためにプレーする」「試合に出ていなかった選手のために戦う」、そういった言葉が選手から自然に出てくるのを聞いて、ゼルビアならではの良いチームに仕上がったと感じました。

強い組織のためのベースづくりによって、チームメイト各々が互いに成長させることができる。昨シーズンのゼルビアにおいて有効かつ効果的な策だったと思います。

試合に出場していない期間があろうと、チームが絶対的に一つになっていくことが重要です。選手はチームで愚痴を吐いたり、不貞腐れたりしては絶対にいけない。

監督やコーチが上から注意することで「スタッフVS選手」という対立構図にならないように気を配りながら、選手同士で「お前、それは良くないよね」「もっとこうやらないとダメだ！」と言い合えるチームの空気や関係性を作る。2023年シーズンのゼルビアは試合に出場できない選手も含めて全員が、がむしゃらに頑張ってチャンスを掴むという意識の共有が開幕前にできていました。

Rule 7

大きなビジョン・明確な目標数値の設定
〜J1で5位以内、勝ち点70点以上、各タームで考える〜

チームや組織を根本的に変えるためには、まずは大きなビジョンや目標を共有することが重要です。

例えば、優勝という目標のためには、「〇節までに、勝ち点〇ポイントに到達する」という共通目標を選手全員が持ち、必死に「そこを目指す」、そして、絶対に「妥協しない」というのが原則です。

私はすべてにおいて、選手たちがわかりやすいように明確な数値目標を設定し、常に自分たちの立ち位置を自覚させた中で実践に落とし込んでいます。

まず、一つの長いシーズンをいくつかのタームに分けて、それぞれに勝ち点の目標値を掲げました。

サッカーをご存じない方のために説明しますが、J2リーグは全22クラブ（2023年シーズン）あり、シーズンを通してそれぞれのチームとホーム&アウェイの2回戦、全42試合という、気の遠くなるような長丁場を戦い抜かなければいけません。ちなみに、J2は〝世界一過酷なリーグ〟と呼ばれたこともあると聞きました。

2023年シーズンでいうと、42試合を7試合ずつ6つのタームに分割、1タームの勝ち点「15」を目標設定として、選手やスタッフに提示。さらに、J2優勝・J1昇格するための目標値を試算し、具体的に可視化。「勝ち点90・失点30」というシーズンの数値目標を示しました。

根拠としては、前年の2022年にJ2優勝を飾ったアルビレックス新潟の勝ち点「84」失点「35」を参考にし、それを上回る設定です。正直言って、かなり高い数値だったと思いますが、これを目指してチームや組織が一つになることが何より重要なのです。「日常を変える」ことは組織改革の根本的テーマです。

実際に2023年のリーグが始まると、
第1ターム「19」
第2ターム「30」
第3ターム「46」

と勝ち点を加算していき、最終目標の「90」という数値が選手の間でも現実的なものとなっていきました。第4タームと第5タームで少し落ちましたが、第6タームでは最終節のベガルタ仙台との試合を含め5連勝となり、結果として「勝ち点87・失点35」でほぼ数値を達成してシーズンを終えることができました。

今年の2024年シーズンも、選手やチーム全体で「J1で5位以内」を目指し、「勝ち点も70点以上」という昨シーズンに続いて高い数値目標を設定しています。

数値の設定には根拠がなければいけません。参考にしたのは2021年のJ1リーグです。この年も2024シーズンと同じ20チームで開催され、優勝した川崎フロンターレが断トツで抜けたシーズンでした。一方で2〜5位に終わったチームの成績は勝ち点70前後に留まっており、66〜79ほどの幅がありました。凄くハイレベルですし、J1初挑戦のゼルビアにとっては相当高い設定です。ですが、あえてハードルを上げることで、選手やチームの意識やモチベーションを高いまま保ち、一人ひとりの「思考」にプレッシャーをかけ続けたいのです。そして何より私自身が、高い目標を掲げることで、いつも「不安で心配していたい」のです。慢心や満足しない自分、そんな「日常」を求めているのかもしれません。

高い目標を掲げて、チーム全員でそこへ向けて全力で取り組んでいく。だからこそ監督も揺るぎないメッセージを選手へ送ることができます。チーム全員でアクセルを踏んで、全員でエンジンをさらに稼働させていく。高い目標はそういった日常の意識付けや習慣を作ることに繋がるのです。

目標が大きすぎて「絶対無理だよ」「町田は全然わかってないね」と言われることで自分を奮い立たせるような感覚もあります。勝ち点を無難な目標に設定し、自分へのプレッシャーを軽減し、精神的に楽な状況にすることは性格的に合わないのかもしれません。でもそれは各々に様々な感覚や戦略があると思いますから一概に正解はないと思います。

チームマネジメントには数値化は必要です。可視化することは組織が成長や飛躍をするために絶対に必要な要素です。大事なのは期間を区切り、長期を見据えた短期の目標値を明確にすること、短期目標をクリアし続けていくこと、これこそが最終的に大きなビジョンを実現させることに繋がっていきます。

Rule 8

スタッフワークでシナジー効果を狙う

~「歓喜」も「悲劇」もみんなで共感できる環境づくりを~

短期間で根本的にチームや組織を変えるには「原理原則の徹底」「選手の思考や意識を変えること」、これに加えて、もう一つ大事なのが

「スタッフの存在」です。

「スタッフは常に一体」

私は青森山田の頃からスタッフやコーチを「一つのチーム」と考えていて、「チームの中のチーム」としてスタッフ（仲間）を非常に大事にしています。クラブによっては、監督、ヘッドコーチ以外のスタッフがまるで存在意義すら感じられないような役割しか与えられていないところも多いと聞きます。組織づくりの上では良いとはいえません。

ゼルビアではヘッドコーチやアシスタントコーチ、フィジカルコーチや分析コーチなど、各々が専門性を持って役割を果たし、全員が責任感を持って仕事ができるようにしています。だからこそ、監督が「強いエゴ」を持つ必要はなく、監督がすべての主導権を握る必要もありません。

みんなが気持ちよく責任感を持って、全力で仕事に取り組み、みんなで勝利に向かって進んでいく。「歓喜」も「悲劇」もみんなで心から共感できることが大事だと思っています。これはとても重要で、青森山田時代からプロ監督になった今も貫いている「組織マネジメント」の方針です。

ゼルビアの監督への就任が決まり、真っ先に取りかかったのもスタッフの人事。なかでもチームのNo.2的な存在であり重要なヘッドコーチへの就任を依頼したのは、キン・ミョンヒ（金明輝）氏です。

ミョンヒが初芝橋本高校での選手時代に、私は青森山田の監督として対戦しました。卒業後はプロ選手としてジェフユナイテッド市原（現ジェフユナイテッド市原・千葉）などでプレーし、指導者となってからはサガン鳥栖のアンダー世代の監督となり、素晴らしい実績も残していま す。この頃に私と監督同士で戦ったこともあり、ミョンヒは選手としても監督としても対戦しているという貴重で縁のある存在です。

鳥栖ではトップチームの監督としても活躍し、2021年シーズンにはJ1 7位と躍進しました。J1での監督経験が約3年間あり、Jリーグでの戦い方を熟知していましたし、ゼルビアがJ1を目指すためにも、さらには昇格した後も、最高のパートナーになると確信していました。

また、ミョンヒは鳥栖のアンダー世代の監督時代には西日本のトップ指導者であり、一方で私は青森山田で東日本、そして全国のチャンピオンでした。我々二人がタッグを組めば、経験やノウハウが生かされ「強化」や「勝利」に向けて大きなパワーが出ることは必然的でした。

私は組織の人事の妙は「足し算」ではなく「掛け算」だと考えています。単なる足し算だけではなく、掛け算によるシナジー効果を狙っているのです。この人事がチームにとって大きなインパクトをもたらします。

ただ、ミョンヒはJFAからハラスメントの認定を受けたことがあり処分を受けました。一部メディアで叩かれ、ネット上でも炎上したようです。私は何事もオープンに話したい性格なので、この点も隠さず本書には書き加えておきます。

選手としても、指導者としても、ミョンヒは熱い。プレーも、人柄も、です。何より無類の負けず嫌い。ヘッドコーチは彼しかいない。私自身も絶対ミョンヒと仕事がしたい！　と思って「俺のチカラになってくれないか？　是非一緒にやりたい」と連絡。本人はあまり悩むこともなく友好的に引き受けてくれました。

彼の早い決断のお陰で早い段階でチームは内部でいろいろな手を打つことができましたし、他のコーチ陣や選手獲得についても動いてもらうことができました。

シーズンが始まるとミョンヒは積極的に動いてくれました。

選手の情報もよく知っているし、試合中の提案も的確。サッカー全般の知識も豊富で、プロの世界で私がわからないことは鋭い感覚で教えてくれます。

また、特に優れているのは彼のサッカーに対する厳しい目線です。選手たちと接していても常に厳しい目線を持って振る舞うことができ、良きコミュニケーションを築いてくれています。私にとっては非常に有り難い存在です。

Rule 9

自発性を引き出す

～「発想の自由」と「原則の共有」のバランスをとる～

スタッフワークと並行して、チーム再生のために進めるべきポイントがもう一つありました。それは、「選手の自発性をどう引き出すか」です。

これは非常に大きな課題で、そもそも私は練習で監督が主導権を握る必要はないと思っています。監督はバランサーであり、統括者であり、チームという「生き物」に最適なスパイスを与えるのが最大の仕事だと思っています。そして選手たちが自発的に取り組み、思考を共有することでチームはより結束力を増します。これは育成面でずっと重視してきた私の理念ですが、これができないと試合中に自分たちで考える選手は絶対に育っていきません。「発想の自由」と「原則の共有」。このバランスこそが常勝チームの根幹を支える「軸」となるのです。

練習の中でコーチングスタッフがどのタイミングでアプローチするかは監督が定める必要はまったくなく、トレーニングの各セッションを担当しているコーチが必要に応じて声をかけることで、雑音なく、迷いなく、この「軸」がチームにスムーズに浸透していきます。また担当コーチもやり甲斐を持って指導に専念できます。

選手の士気を高めるために、セッションごとに監督が入り込んで強く話すこともありますが、細かなオーガナイズについては、より良いセッションにするためスタッフがコミュニケーションをとりながら入念に話し合う。そんなチームづくりをすることで、選手にとって有効なアプローチができ、チームを同じ方向に導くことが可能となります。

もちろん、最終的な「権限」は、監督が持ちます。

各コーチは自分の担当セッションを「威厳」と「責任」を持って前に進めてもらいますが、監督の「方針」や「意図」を十分理解した上で、監督の要望を組み込みながらオーガナイズしていきます。

これは私の組織マネジメントの考えからきています。

会社など世の中のあらゆる組織が機能するために必要なのは、各セッションでの役割が明確化されることです。責任を持って業務や作業ができることが重要で、自分の役職の下に誰かがいるのであれば、信じて任せて、不具合が生じた時には速やかに指摘し改善していくことが望ましい在り方だと考えています。

会社組織のリーダーは社長であり、サッカーの現場では監督になります。そこで注意しなければならないのは、いちいち社長や監督が裾野までおりていって、自分の権限を振りかざしたり、課長や係長、担当コーチなどにおおいかぶさって勝手に物事を進めてしまうと、組織は必ず混乱するということです。各担当はやりにくくなるでしょうし、部下や選手に対して自分のメンツも潰される。最悪の場合は「どうぞ勝手にやってください」「私はもうやりたくありません」と、気分を害し、やり甲斐を失うでしょう。こういったワンマンリーダーの組織は結構存在するのではないでしょうか。

私は「組織をまとめられない」「結果が出せない」監督や指導者を数

多く見てきましたが、みんな共通の特徴が見受けられます。人の話を聞けない、自分本位、頭でっかち、人を大切にしない、成功は自分のおかげ、失敗は他人のせい、そんな独りよがりな立ち居振る舞いをする人ばかりで、そして何より自分のことが大好きなんです（笑）。さらに、そんな最悪な状況にも一切気づかないのも特徴なのです。これでは周りのスタッフは一切ついてきません。

ただ、各担当の業務に対する責任感が希薄で、仕事や任務に知恵や情熱が見られない場合、そこは監督が厳しく言及して指摘していかなければなりません。細部に気づけなかったり、細部まで軌道修正できないリーダーは、常勝組織は作れないでしょう。

リーダーは組織を管理するのも大事ですが、「組織を成長させる」ことはさらに重要な点です。

指導スタッフは自分の仕事をより良いものにしようと、いろいろなアイデアを出し合ったり、議論を深めたり、考察から実践までその分野を突き詰めて努力していきます。こういった習慣は組織を成長させます。

良い成績が出て勝利した時は、それぞれの担当の頑張りを称賛し、みんなが肩を組んで一つの勝利を分かち合い喜び合える。それがチームであり、組織です。これが、独りよがりの監督が誰にも頼らず得た勝利では、組織としての喜びも半分、達成感も得られないでしょう。失敗した時の原因や責任は、スタッフみんなで共有し、各々が自分のこととして捉え、全力で改善を図っていく。すべての責任が監督に集中するようなチームは一番良くないと思いますし、これでは組織として成長しません。負けた時は全員で何が原因だったかを徹底的に追求し、反省し、改善し、次の勝利に向けて連敗だけは絶対にしないよう取り組んでいく。そういった意思や意識を集中させることが組織の成長に繋がっていくのです。

一方で、監督の役割は、チームで築き上げたベースから逸脱することがあれば即座に軌道修正し、全体的に何か不具合が生じた時には、歯車の一つひとつに油を注いで円滑に回るようにすること。そうやって組織全体に生じてくる違和感を確実に取り除いていきます。

リーダーは総合的に全体を見て統括するために存在しています。最終的な決定権を持ち、権限を持つ存在として中心となって、組織の中で各々がやり甲斐を持ち精力的に動くようにし、組織全体をフル回転させていくことがチームを円滑に動かすことになるのです。

Rule 10
相手の特徴や弱点を細かく分析
～目的から逆算してトレーニングを構築～

よく聞かれる質問の一つに「試合での攻撃や守備の戦術はどうやって生まれるのか？」があります。

どこのクラブでもコーチングスタッフの中に分析担当コーチが存在しています。彼らは対戦相手の特徴や弱点を探り、細かく分析していきます。特に自分が相手チームの監督だったら「何をされたら嫌か」「何が怖いか」などを毎試合考察して、それをベースに試合に勝つための思考をめぐらし、攻撃・守備の具体的な戦術に転換していきます。ゼルビアでは分析担当責任者は西村泰彦コーチです。

サッカーは相手がいる競技ですから、様々な策を練っていくことはどのチームも同じ。相手チームのやりたいサッカーをさせない守備を繰り返し、相手の判断や自由を奪い、ペースを握らせない。これも重要な戦術なのです。

ちなみに、ゼルビアでのコーチ陣を紹介しておきます。まさに「チームの中のチーム」、もう一つの家族といっても良い存在です。彼らの存在があったからこそ、2023年のJ2優勝が実現したのは間違いありません。

2023年は、まず「ウォーミングアップ」は、山崎亨フィジカルコーチが担当、「トレーニング1（トレ1）」は、山中真、三田光、上田大貴のアシスタントコーチが担当しており、ロンド（ボール回し）など基礎的な練習が中心です。

「トレーニング2（トレ2）」は、金明輝《キン・ミョンヒ》ヘッドコーチが担当し、実戦に向けたトレーニングを中心に週末のJリーグの試合に向けて紅白戦なども行い、そこには私も関わります。リスタート（セットプレー）は攻撃が上田コーチ、守備は不老伸行GKコーチが担当しますが、リスタートは私の得意とするセッションでもありますので、ここには深く関わります。

開幕前の1月のトレーニングでは徐々に高度化させていき、山崎コーチがウォーミングアップ、その後に「トレ1」→「トレ2」→ゲームと構築し、トレーニング強度を上げていきます。全員でやるべきこと、落とし込むべきことを共有して、それぞれが同じテーマで同じことが指導できる。そうやって監督である私が全体をコントロールしていきます。

2024年からは栗本悠人と赤野祥朗《よしろう》、そして青森山田時代の教え子である盛《も》礼良《れいら》レオナルドがコーチとして加入し、トレ1やトレ2もさらに分けて細分化する場合もありますが、最後は週末の対戦相手を想定したゲーム形式でシミュレーションをします。

Rule 11

横道に逸れたら、迷わず「原点」に返る

～必ず敗戦はある。どう軌道修正・再構築を図るか～

チームや組織は必ず負けます。いつ負けるかはわかりません。負けた時の軌道修正や再構築にどのように対応するのかが重要です。

チーム立ち上げ時には、選手にこのように話をしました。

「リーグでは必ず敗戦はある。意図しない展開もある。それはそれで原因を追求し改善し続けるしかない。ただ大切なのはチームとして築き上げたベースやコンセプトに即座に立ち返れるかどうかだ。それさえしっかりできれば、勝った要因も、負けた原因も、チームみんなで共有して再び軌道修正を図っていければいい。そこをみんなの拠り所にしていこう」と。

チームは一気に優勝に向かうわけではありません。途中で横道に逸れたり、選手の士気が下がったり、それぞれが違う方向を向いていたりす

ることもあります。それが組織です。

組織というものは毎日のように「姿や表情を変えるもの」「壊れかけるもの」だと認識しておくことにより、予《あらかじ》め準備しておくことができます。意識が散漫になったり、トレーニングの取り組みが甘くなったり、急なコンディション不良があったりと、昨日良かったチームが今日も良いとは限りません。そんな状況を予測し対策し続けることが、所謂《いわゆる》「組織マネジメント」の原点なのです。

2023年は「連敗」がありませんでした。チーム全体の「修正力」の高さが際立った一年だったと感じています。

リーダーにとって、いついかなる時も自分のチームの現状に「メス」を入れられる勇気と柔軟性、実行力が重要ですし、常に軌道修正できる「意識的準備」を怠らないことも大切な要素。チーム、組織における「ベースづくり」は肝の部分で、そのベースをチーム内で確実に共有させ、根拠を持って積み上げていければ大きくブレることなくチームを育て上げることができます。

結局のところ、私はこう考えています。

「優勝」というピラミッドの頂点からの逆算の中、選手たちがそのイメージ（道筋）を明確に描いていける。そして「心技体」において、様々なプラス要素を隙間なく積み上げていける。だからこそ、まだ見ぬ高い頂が見えてくるのです。

私たち指導者や組織の代表は、競技や業務を教えていくことだけでなく、何があってもブレない強い組織を作っていくことが重要です。「勝利」のために必要な良い習慣を築いていく。そして応援してくれるすべての人たちの想いを感じて全力で動く。それを「信念」として、ひたすら追求していく。こうした姿勢こそが、チームや組織を最高の高みへと導くことになっていくと考えます。

Rule 12

「目の前の一歩」だけを見据える

～毎日が決勝戦、一戦必勝のために最高の準備を～

2023年のゼルビアはJ1昇格・J2優勝を目指してチーム全体で戦い、総力戦で最高の成果を挙げることができました。現在は新しい挑戦への途上ではありますが、J2であれ、J1であれ、自分にとってはすべてが初めての経験ですので、毎日が「未知への挑戦」となります。知らないからこそできることもありますし、未経験だからこその楽しみもあります。

「目の前の一歩だけを見据えて、進んでいく」

長いシーズンを戦っていく中で、リーグの佳境となり、残り試合が5試合や4試合となった時点で首位であれば、初めて2位や3位のチームと何ゲームの差があるのかを考えて戦えます。その時点の状況に応じた戦略であればある程度は計算が立てられます。ただ大切なのは、目の前の一試合にすべてを懸けること。毎日が決勝戦なのです。「一戦必勝」のために精魂込めて最高の準備をしていかなくてはなりません。

チームは監督一人ではやっていけません。コーチングスタッフを含めた全員で役割を決めて実施していく。目標とする「優勝」から逆算した形で、適材適所で力を発揮できるように配置して働きかけていく。組織づくりとはみんなで作っていくから楽しい部分もあるし、一体感も生まれます。そうやってできた組織は簡単には壊れにくいものになります。責任の所在もわかりやすく最適な方向性を持って歩んでいけるのです。

高校サッカーでもJクラブでも、これまでの約30年、こうやってチームをコントロールしてきたのです。

【2限目】

チームマネジメント

second period_management

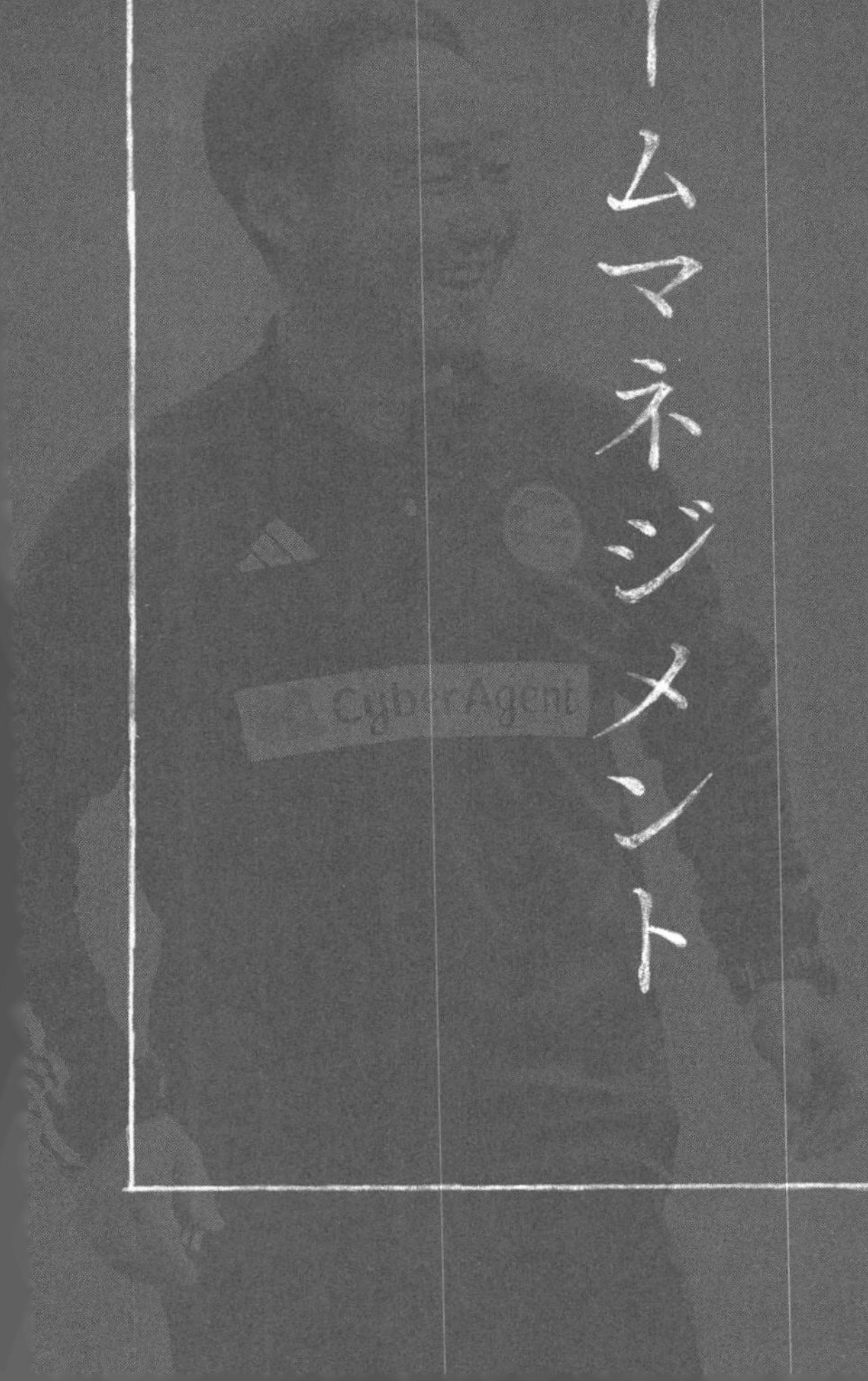

2限目のテーマは、「チームマネジメント」。
前職で指揮していた、青森山田高校サッカー部は、
〝常勝軍団〟と呼ばれていました。
「常勝組織」の秘訣は、「負けないこと」です。
「勝つ、ではなく、負けない」。
そこには、プロにもアマにも通ずる、
12のポイントがあります。

Rule 1

「失敗の原因」を明確にする

～絶対に「連敗」しない、改善ミーティングの実施～

「常勝軍団・青森山田高校」

メディアなどでよく使われるフレーズです。どうしたら〝常勝軍団〟と呼ばれる組織を作ることができるのか？　私が考えているのは、ただ一つ。それは、高校サッカーでもプロでも同じ〝負けないこと〟です。「そんなの当たり前じゃないか」と言われるかもしれませんが、一つの組織が長年にわたり勝ち続けるというのは本当に難しいことです。プロの世界、Ｊリーグでも負けることや引き分けることは必ず起こります。しかも何度だって起こります。そこで、意識すべきことは絶対に「連敗」しないこと、それが重要です。

では、連敗しないためにどうするか。

それは、引き分けた時、負けた時に、その原因をチーム全体でしっかり共有することです。同じ失敗が繰り返し起こらないよう徹底して原因を突き詰めること。失敗の原因を共有するために、ベースづくり（基本の3原則、そこから細分化された約束ごと、チームコンセプトなど）をシーズン前のキャンプから細部にわたって浸透させます。

そして、負けた時に、このコンセプト（ベース）という原理原則に立ち返って、できていなかったことや失点の原因を洗い出します。すぐにベースに立ち返り、早期に改善することができれば、大崩れすることなく再び結束力を深めチームとして同じ方向へ進むことができます。「成功の要因」も「失敗の原因」も、すぐにチームとして明確に理解し合うことが重要なのです。

これはサッカーだけに限らず、会社組織でも同じではないでしょうか。

2023年シーズンのゼルビアはまだまだ常勝軍団と呼べるものではありませんでしたが、「負ける」という危機感をチームでイメージできていたからこそ連敗を逃れ、選手もやるべきことを常に理解し、徹底してくれていたのだと思います。2位に4試合分の勝ち点（12ポイント）

の差をつけての優勝は圧倒的と言っても過言ではないと思います。

危機感をチームでイメージするために、ゼルビアで行っていることの一つに〝改善ミーティング〟があります。

その〝改善ミーティング〟では、試合の失点に繋がったシーンやチームコンセプトが散漫になっているあらゆるシーンを洗い出し、全体で共有し改善に繋げていきます。チームメイト全員の前で、個人のプレーの良し悪しを考察し検証していくのが定番で、これは素晴らしい成果を生んでいると思います。個人の問題点をチーム全体では共有させない監督が多いと聞きますが、我々はあえてチーム全体の問題にすることで各選手に自分のこととして再認識させ、より一層の効果を生み出します。個人の問題も、チームの問題も、全体で共有すれば、チームとして更なる改善、そして成長に繋がっていきます。

私がゼルビアに来る一年前の2022年のチームは、監督とコーチの言っていることが真逆だったり、メンバーが何にどのように取り組めばいいのか、何を信じて戦うべきなのか、そんなことが明確ではなかったと聞いています。50失点も重ねていましたが、守備陣についてはＩ２０２３年の優勝したメンバーとほぼ同じで、変わったのはセンターバックくらいでした。２０２３年シーズンの結果として失点はＪ２リーグ全体で下から3番目に少ない、「35」でした。ちなみに得点はリーグトップの「79」です。

これだけ大きな違いが現れたのはなぜなのか？　以前から在籍していた選手に聞くと、今までは選手たちの共通理解も乏しく、チームとしてどのように守備をしたら良いのかも曖昧で、組織の目指す方向性に一貫性がなかったようです。明確なチームコンセプトが存在していないチーム組織の結末は「悲劇的」とも言えます。

私が監督になって最初に手掛けなければならなかった大きなポイントは、「チームコンセプトの明確化」だったと思います。選手たちが目指す「方向性」「勝負の考え方」「チーム組織の在り方」「やるべきことの認識」「やってはいけないことの理解」等々を徹底して共有させたことが、「勝者のメンタリティ」としてチームの成長に繋がり、悲願のＪ２

優勝という成果に繋がったのではないでしょうか。

改善に至るまでのスピードが短縮できたのも、積み上げてきたチームコンセプトが明確に理解されていることが大きな要因となりました。

Rule 2
ポジティブ要素の整理、マイナス因子の排除
～失点を計算し、負けないことを計算する～

勝ち続けるチームの条件はなんでしょうか？

よく聞かれる質問です。勝ち続けるための条件は無限にありますが、強いていえば「勝つために必要なポジティブな要素」を上手く整理し、「負ける原因となる可能性のあるマイナス因子」をどれだけ排除できるか、です。

勝った時にポジティブなアプローチでチームを称賛しすぎたり、良か

ったところだけを取り上げて褒め称えるのは絶対ダメです。試合中に生じたあらゆる失敗因子や不安因子を抽出し、わずかでも負ける原因となる可能性のあった現象について、徹底追求していくことが重要です。すべての失敗やトラブルには原因がありますので、それを明確にし、客観的に分析し、最適解を探していかなければいけません。

試合で幾度となく起こる失敗こそが「負けるチームの悪い習慣」であり、それをチーム全体で明確にしていくことで、同じ失敗を二度と繰り返さないという、私の表現でいうなら「危機感溢れるチーム状態」に導いていく。これこそが「負けない組織」の作り方の本質です。逆説のように聞こえるかもしれませんが、常勝軍団であるためには、負けない組織をいかに構築していくか、いかにその状態を維持継続していくかが肝心なのです。

負ける原因となる「マイナス因子」をどれだけ確実に排除できるか、また整理していくかが重要なのです。そこが整理されて初めて、勝ち続けるチームづくりを目指すことができるのです。長いリーグ戦の中で、ある程度「失点が計算できて、負けないことが計算できる」ことは、最大の安定感と言えるでしょう。

例えば２０２３年シーズンのホーム・町田ＧＩＯＮ《ギオン》スタジアムでの清水エスパルス戦（２−１、第17節・5月21日）。クラブ公式のファン・サポーターが選ぶベストゲーム「ＴＯＰ10」で、堂々の1位となった記憶に残る一戦です。

前半31分にゼルビアが先制点を獲得。ですが、42分に清水・乾貴士選手の素晴らしいパスを中山克広選手が決めて同点に。そこからは一進一退の攻防。ところが最後の最後、まさに後半アディショナルタイムのラストワンプレーでゼルビアのチャン・ミンギュ選手が決勝点を決めました。

この試合をどう見るか？　結果としてゼルビアの勝利で終わりましたが、同点にされたのは自分たちの完全なるミスです。ですが、失点後も無理に勝ち急がない、チャレンジはするけれどギャンブルはしない、決めごとを遵守してゲームを進めていけば必ず最後に良いことが起こる、という「勝負の考え方」（P156～にて詳しく述べます）、これが見事に的中したゲームになりました。まさにチーム全員が「やるべき思考」を通わせることによって、生まれた決勝点だったといえるかもしれません。

最後の最後はチームの結束力が重要です。優れた選手を揃えていても肝心なところで勝てないチームというのがあります。このあたりに大きなヒントがあるのではないかと考えます。

「この一冊であなたは勝てる組織を作れる！」とか「これであなたは組織のリーダーになれる！」なんて、そんな言葉や方法論がメディアや書籍、SNSなどには溢れていますが、そんなことは絶対にありません。「真の成功者」は、勝ち続ける組織を作るということが辛く険しい道のりで、決して簡単な作業ではないことを痛いほど理解しています。組織のリーダーに近道などありません。そんな方法があれば誰もがやっているのではないでしょうか。私も今となってはプロとして順調なスタートを切れたように見えるかもしれませんが、青森というサッカー不毛の地で「死に物狂い」で戦ってきた過去30年の経験があったからこそ、それが最高のステップとなり大きく飛び立つことができたと思っています。「挫折」をどれだけ味わってきたかは重要で、それが飛躍するための大きな「肥やし」や「活力」になるのです。

Rule 3

逆境に勝つ

～主力不在でも勝利するために一体感を強める～

2023年のJ2シーズンが終わってメディアから最も多く受けた質問は、「一番苦しかった時期はいつですか？」ということでした。

42試合を全6タームに設定することについては以前述べましたが、数値で振り返ると第5ターム（第29節・8月5日～第35節・9月17日）が最も勝ち点を取れていません。やはりFWエリキ選手が離脱した、この時期ではないでしょうか。彼はケガでチームを離脱するまでに18得点

（当時リーグトップ）を取っていて、チームの絶対的エースストライカーで、チームが勝ち続けるためには本当に貴重な存在でした。

そのエリキ選手がアウェイのIAIスタジアム日本平での第31節清水エスパルス戦で、左膝前十字靱帯断裂、外側半月板損傷、内側側副靱帯損傷の大怪我を負い、試合後の診断結果は、なんと全治8ヵ月の重傷……試合も2－3で逆転負けでした。

さらに、この時期はFIFA（国際サッカー連盟）が定める「国際Aマッチデー」と重なりました。

国際Aマッチとは年齢制限のない代表チーム・Aナショナルチーム同士の公式の国際試合のことです。FIFAは毎年3、9、10、11月と隔年の6月に2試合ずつ、この「国際Aマッチデー」を開催しています。開催される試合では、クラブチームは基本的には代表への選手の招集を拒否できないルールとなっています。ただし、いくつかの例外や協議事項なども含まれています。

ゼルビアにとって大事な期間にミッチェル・デューク選手がオースト

ラリア代表に招集。また、アンダー世代の大会も重なり藤尾翔太選手や平河悠選手がU−22日本代表に招集され、エリキ選手を含め前線のレギュラークラス4選手全員が離脱したのです。いくらなんでもこの不条理ともいえる状態に憤りすら感じていました……。

もちろんFIFAが開催する大会で代表や代表に近いレベルの選手が招集されるのはわかりますし、応援したい気持ちは大いにあります。でも、J2リーグは同じ期間に開催されているのです。J1は基本的に試合開催がなく平等性は保たれています。

本来「ルール」とは、双方にとって平等で、秩序を乱すことなく、利害関係が起こらないために存在しているものです。それが、クラブの歴史や、選手たちの人生や生活に深く関わる大事な時に、これだけたくさん選手が招集されるわけです。誰だって納得いくわけがありませんよね。「死活問題」ですから。リーグの日程に関しては、もっと開幕日を早めたり、水曜日開催を増やしたり、やるべき整備や調整はいくらでもあるわけです。もっと現場の意見や気持ちに寄り添い、確実に見直していくべきだと思っています。

これだけ攻撃陣が離脱するなか、チームにはこの上ない悲愴《ひそう》感がありました。首位ではあったものの、いつ追いつかれるか、また追い越されるかわからない状況にあり、かなり精神的に追い込まれた時期でした。理不尽なルールに、何とも言えずやり切れない気持ちで、監督として必死にもがき苦しんでいました。

この第5ターム の終わり3試合は、引き分け、負け、引き分けと本当にチーム全体が苦しい時期で長いトンネルに入ってしまった気分でした。ただ、そのなかでも連敗はしなかった。選手たちが本当によく頑張ってくれた。チームみんなが奮起して、引き分けで勝ち点「1」でも確実に積み上げてくれたことは本当に大きかったです。

では、逆に私にとって2023年シーズンのベストの試合はどれか？

これもメディアからよく聞かれる質問です。

皮肉にも、それはエリキ選手が負傷してチームも敗れたアウェイ清水戦の次節です。

エリキが離脱した翌週のモンテディオ山形戦（第32節・8月26日）では奮起して大勝利をあげました。選手やスタッフ全員、私自身も、「ALWAYS WITH ELIK（いつもエリキと一緒だ）」と胸に書かれた青いTシャツを着て、チーム一丸となって試合に臨みました。

結果は5－0。

ただ、多くのサポーターが絶賛したのは大量得点だけではなく、5分以上あった長いアディショナルタイムでチーム全員が身体を張って、ゴール前で何度もボールを弾き返し、みんなでゴールを死守してクリーンシート（無失点）で終わらせたことです。5点差もあれば少しは気が緩むものですが、そういったプレーが一切なかった。

みんなが一枚岩になれた瞬間でした。エースがいなくなった不安のなかであれだけのゴールを生み、失点を0に抑えた。「俺たちは絶対に勝てる！」「エリキがいなくても大丈夫！」という思いがチーム全員に芽生え、ここから絶対に失速しないという強い決意を感じました。

「エリキがいなかったら勝てない」というのはチームとして本当に辛い。だからこそ、チームをここまで築き上げてきた原点にもう一度立ち返り、我々が追求してきたサッカーを徹底して貫きました。チームが「真のチーム」に生まれ変わった感覚で、自分たちもびっくりするような結束力が発揮された瞬間でした。

シーズン後に長く私のことを取材している記者から「あの試合でJ2優勝を確信しました」と言われました。エース不在が、逆にチームの一体感を強める要因となりました。想像を遥かに上回る逆境でも、リーダーとして的確に判断し実践できたことは、自分にとっても大きな自信になりました。

Rule 4

真のプロは「本意」と違うことでもやらなければならない

~ミッション達成のために、臨機応変に戦う~

改めて2023年シーズンを振り返ってみると、ホーム&アウェイの対戦で同じチームに敗れたことは一つもありません。

シーズンが佳境に迫った最終の第6ターム。

ゼルビアがホーム戦（第8節・4月8日）で初めて敗れたブラウブリッツ秋田に、アウェイ戦（第26節・大雨で延期、10月14日）ではコーナーキックからの流れで生まれたMF下田北斗のスーパーゴールで勝ち越し、2－1で勝利しました。ここから最終節のアウェイでのベガルタ仙台戦まで一気に勝利を重ね5連勝で有終の美を飾りました。

このアウェイでの秋田との試合は、まさしく3人の代表選手がいない試合でした。空中戦に強い秋田に対して、私たちには競り合いを得意とする選手が前線に一人もいない。シーズン通して一番難しいチーム状況でした。ただ、あえて私は相手の得意とする土俵でサッカーをするメンバーを組んで対抗する方法に打って出ました。前節からのスタメンを8人も入れ替えて臨みました。

対人に強い松本大輔選手をセンターバックに抜擢、ベテランの太田宏介選手や鈴木準弥選手を入れて二人の配球能力を生かしてゴール前の混戦のなかからチャンスを作るというプランを立てました。予想は的中、意図した展開から荒木選手と下田選手の2ゴール。選手たちが大奮起してくれたお陰で見事勝利をもぎ取ることができました。意地の勝利、魂の勝利、まさに死闘とはこのことでした。

理想とはかけ離れ、見ている側からすると「えっ、そんなサッカーするの」と言われる内容であったかもしれません。しかし、我々のミッションを果たすためには「恥も外聞もなく」「やりたくないこと」もやらなくてはならない。それが「真のプロフェッショナル」だと自分に言い聞かせ、あえて強気の勝負に出ました。「チームとは年間を通して状況に応じて臨機応変に戦っていかなければいけないもの」と考え、常に変化していくことが重要です。この試合も選手が順応性を持ってやってくれて勝利できたことが、初優勝の要因の一つだと思っています。

長かった2023年シーズンもいよいよ終わろうとしていました。

残り数試合となったゼルビアは連勝中でした。J1昇格が視野に入り「勝って兜の緒を締めよ」ではないですが、スタッフにも、選手にも〝原理原則〟に立ち返る自覚を求めました。

第1タームの調子が良かった時は、開幕前のキャンプで浸透させたやるべきことが、しっかりと協力してできていた。チームが立ち上がった時は個人のスキルの差は微々たるものでした。そこからトレーニングを通じて、いかにスキルアップしていけるか、また他チームとの差を広げていけるか。この努力の差はとてつもなく大きい。そして、努力からさらに大事なのは日々継続すること。それによってチーム力の差はさらに大きくなっていきます。

年間を通じてピッチ上でやるべきことを継続し、無意識に実践できるようになる。何度も言いますが、やるべきことが「習慣」として定着した時、理想とする最強のチームができるのです。

Rule 5

「逆転の発想」を身につける

～名将・布啓一郎の「堅守速攻」スタイル確立の理由～

時折、青森山田での監督時代を思い出します。

今でこそ名将などと称えられることが増えましたが、実は監督人生約28年のうちで、インターハイ優勝や、選手権3位、準優勝はあるものの、監督22年目までは選手権の優勝経験はありませんでした。10大会で9度の3回戦敗退など、なかなか意図する結果を得られず深く黙考していた時期があります。当時の私は「なぜ勝てないのか？」「優勝するチームとは何が違うのか？」「優勝するチームは作れないのか？」と悩み、もがき苦しんでいました。「もう辞めようかな」「これが限界かな」と何度考えたことかしれません。

サッカーは勝負の世界です。勝つために何か一つをやったから勝てるというほど単純ではありませんし、そんな甘い世界でもありません。そこで、何か「刺激」が欲しくて、また優勝するための「ヒント」が欲しくて、自ら「全国名将巡り」を決行しました。文字通り、選手権優勝経験のある指導者を巡り、「優勝」にまつわる様々な話を伺ってきました。

その時に気づかされた点がいくつかあります。

名将と呼ばれる方々が拘っていたことがそれぞれ異なっていたことには正直驚きました。勝つためには「こんなことが重要」とか「勝つための秘訣」なんてものは一つとして存在していなかった。監督として自分の「信念」を貫き、それぞれのやり方を、とことん突き詰めていたこと。どの名将の考え方にも、過去の「失敗」し続けた日々や、苦い経験に裏付けられた「学び」が、「信念」として深く組み込まれていたのです。

なかでも印象に残っている指導者の一人が、市立船橋高校を率いて高校サッカー選手権で何度も日本一になり、後にJクラブの監督となった布啓一郎さんです。

当時の市立船橋高校のサッカーのスタイルは「堅守速攻」が特徴で全国では驚異的な強さでした。ボールを奪ってからのカウンターが速く、その勢いや精度、スピードはどのチームと対戦しても群を抜いていました。

しかし、本人にお聞きしてわかったことは、実はまったく逆の発想でチームを率いられていたことでした。カウンターを受けないことを重点に選手たちに意識づけすることで、あの「堅守速攻」スタイルになっていたということです。つまり、相手のカウンターを受けないことを徹底するために、相手にロングフィードさせず、ハイプレスをかけ続けたことによって、自分たちのショートカウンターに繋がっていたのだと。周りはハードな守備からショートカウンターに繋がる部分だけを見ていたので「堅守速攻」という印象を持ったのですが、実はチームの狙いや、意識づけされていたことはその逆だったのです。

この発想は目から鱗でした。

布さんに話を聞いた時に、自分の概念が完全に覆されました。しかし、それと同時に非常に大きなヒントを得ることができました。

とはいえ、学習したからといって自分が率いるチームがすぐに勝てるわけではありませんし、強い組織を作れるわけでもない。各名将からの「教え」をもとに細部にわたり考察し実践し奮闘し続けました。その経験が少しずつ実を結ぶようになり、勝ちに結びつけていくことができました。そして2016年度大会、監督22年目にしてついに初の選手権優勝を果たしたのです。

私なりに「負けないチーム」のベースづくりというものを考えに考え抜きました。次に選手たちがどのような意識や姿勢で試合に臨んでいくことが有効なのか。20年以上も監督をやってもピンとこないこともたくさんありましたし、何度か「今年は強い！」と自信を持って戦った時でさえ3回戦で負けてしまったり……。「もうこれ以上勝つ手段が見つからない」と自信を失ったことは何度もありました。

先に述べたように、2000年に選手権3位、2009年に準優勝を一度ずつ経験しましたが、その後、２０１５年に再び３位となり、その翌年からチームは「常勝期」を迎えることになります。２０１６年の初優勝から、翌年に一度３回戦で敗退したものの、６年間で５度の決勝進出（優勝３度、準優勝２度）など毎年のように大きな成果を残すことができるチームへと成長を遂げていきました。

これを機に勝つためにやるべきことは何なのか、自分のなかで整理されていきました。現在のように、細部に拘り、緻密な思考になったのは、実はこの十数年くらいのことなのです。それまでの経験のすべてが「勝者のメンタリティ」として深く根付いていったのです。

有り難いことですが、私にとって30年の指導者生活は学びの連続でした。

Rule 6

自分の勘を信じる

～FC今治・岡田武史から学んだリーダーの本質～

もう一人、とても学ばせていただいた指導者がいます。

日本代表やJクラブの監督をされ、そのすべてで結果を出され、現在はJ3リーグ所属・FC今治の運営会社「株式会社今治．夢スポーツ」の代表取締役として経営者としても活躍されている岡田武史さんです。

岡田さんはいつも本音で話してくださる方で、私が最も尊敬する指導者の一人。それはもう、尊敬という月並みな表現では足りない存在です。

その岡田さんの言葉で印象に残っているものがあります。

確か2010年の南アフリカのW杯が終わった後だったでしょうか。W杯での監督業について話を聞く機会がありました。いつもひょうきんな岡田さんが、真剣に話してくれました。

「監督業とは正解のない世界。正解と信じて決断していくしかない！」

「自分の勘を信じられるかどうかだ！」

と、熱く語ってくれたことが、今でも私の心にしっかり刻まれています。

ベストな人選をしたからといって勝てるという保証なんてどこにもない。「自分の勘を信じる」しかないと。

様々な人の意見や提案を聞きながらも、最終的には自分自身が信念を持って決断できることが重要だと岡田さんはおっしゃっていました。第三者の意見を尊重しすぎて、その意見に基づいて選手を起用したとしてもそこには何も残りません。成功や失敗にかかわらず、それは自分の判断を優先しなかった「後悔」と「無念」の時間と向き合うことになるだけです。

状況に応じていつも的確に判断できる自分を作らなければいけない。迷うことなく決断できる自分を24時間365日、監督として過ごすなかでしっかりと構築し、常に「自分の勘」を研ぎ澄ましていくことが大切なのです。

勝つために、負けないために、細部にわたって徹底的に突き詰めていく。そこに妥協や油断があっては後悔しか残らない。やれることはすべてやって、そして最後の最後に最寄りの神社で御祈願して試合に臨みます。神様には常に味方してほしいと思っていますから（笑）。

Rule 7

勝負どころを見極める
～藤田晋に見る、一流のリーダーの決断～

リーダーや指導者を語る上で、外せない人物がもう一人います。

ゼルビアの親会社である株式会社サイバーエージェント代表取締役で、株式会社ゼルビア代表取締役社長兼ＣＥＯの藤田晋《すすむ》さんです。

詳しくは巻末の対談（Ｐ１９０～）をぜひ読んでもらいたいのですが、

Ｊ１昇格が決まった試合後の会見で、

「黒田監督はうちのグループ会社の社長になっても結果を出しそうで

す」

と話されたと聞きました。

おそらく冗談半分だとは思いますが、そのように思ってもらえているのは非常に光栄です。超多忙な藤田さんですが、ホーム戦はほぼ来られていたし、アウェイの試合にも何度も来られていました。普通のチームオーナーはそこまでしませんし、多忙なスケジュールのなか、どのように時間を作っているのかと感心していました。また、ある試合後には「あれは面白いトライでしたね」と試合内容の感想を伝えてくれたりもしました。いつお会いしても、指摘の的確さ、フットワークの軽さ、気配り、そして何といってもフランク。これが一流の経営者なのだと思います。

藤田さんはいつも現場スタッフと同じ気持ちで熱く試合観戦してくれますが、それでも私やスタッフのチーム運営に対して、自分の意見を言うことや、何かを指摘することはまったくありません。温かく見守るだけです。クラブの強化面においては、原靖フットボールダイレクターが私の相談をよく聞いてくれます。そういう意味ではこれほどやりやすいオーナーは他クラブにいるでしょうか。チームによってはオーナーが獲得選手の選別や選手の起用にまで口を出してきたりすることもあると聞いていました。私を心から信じてチームを任せてくれていることがわかります。こちらもオーナーのために頑張りたいと思わせてくれる、そんな素晴らしいオーナーです。

高校サッカーとプロサッカーチームでカテゴリーは違いますが「青森山田をあそこまで長期にわたって常勝チームにし続けてきた人なら面白いことができるかもしれない！」と私を監督にすることを決断したと後から聞きました。あれだけの大企業を作り上げた人の勘なのでしょうか。

ただ、多くの人に藤田さんへの疑問として当時浮かんだのは、「なぜプロ監督ではなく、高校サッカーの監督、黒田剛だったのか⁉」ではないでしょうか。

実は巻末の藤田さんとの対談でも改めて聞いてみたのですが、そもそも監督候補者リストには以前どこかのチームを率いていた人ばかりで、ほとんどは昇格も優勝も一度も成し遂げたことがない人が挙がっていたそうです。

自分のような高校サッカー部の監督、しかも52歳という年齢、関東に住んだこともなく町田という街に縁もゆかりもない……普通は選ばないですよね。私だってその選択はしないかもしれない。

ただ、これこそが一流の経営者、一流のリーダーの決断なのです。ある種の賭けではあると思いますが、これまでの経験によって研ぎ澄ましてきた自分の勘を信じて未知数でもすべてを懸ける。そんな決断が実際にできるでしょうか。これは遊びではなくビジネスです。一般論として、基本路線外の選択での「失敗」は批判の対象にもなるでしょう。その世間の疑念を一気に覆すことになりましたよね（笑）。これこそがトップリーダーの「ズバ抜けたセンス」、そして「勝負勘」なのでしょう。

東京には多くのライバルチームが存在します。老舗《しにせ》の東京ヴェルディやFC東京のような人気チームがあります。そのような実績あるチームと肩を並べることや、まして越えていくことなど、数年前に想像できたでしょうか。だからこそ、何か新しいこと、新しい風、新しい血を入れる。普通では選ばないだろうと思う人に監督を任せたい。……藤田さんの覚悟を感じたオファーでした。

藤田さんの気持ちや熱意を私は全身で理解したし、それであれば「私自身も藤田さんのため、町田のために覚悟を持ってチャレンジしなければならない」と思いを固めました。

「この挑戦は本当に大きな仕事だし、やり甲斐のある仕事。自分がどれだけできるか勝負してみたい！」と野心に火がついたのです。過去を失う辛さもあったし、先の見えない挑戦への不安もありました。でも後悔はしたくない。「人生最後の大勝負！」そんな覚悟を持ってゼルビアへやって来ました。

Rule 8

「継続」と「習慣」の決定的な違いを理解する

～コンセプトをチーム全員に「習慣化」させる～

「良い習慣」こそが個人のポテンシャルを最大限に発揮させ、強い組織を作り、最高の結果をもたらします。それが私の指導の本質でもあり、最も伝えたいことです。

重要なのは「継続」と「習慣」の決定的な違いを理解すること。

良い思考や行動は、継続するだけではなく、習慣にしなければなりません。継続は意識的ですが、習慣は無意識に行うことができます。つまり、習慣化されると最適なプレーが無意識に、オートマチックに選択され、自然にピッチ上での実践や行動に繋がるのです。

○良い思考や行動
↓
○継続（意識的）
↓
○良い習慣（無意識）

ちなみに「悪い習慣」も無意識に発動されるので、組織において「悪い習慣」を放置しておくと意図する結果は期待できません。これは「組織低迷」や「組織崩壊」の入口と捉え、危機的状況と認識すべきです。

2023年シーズンのゼルビアでもよく見られたのですが、チームコンセプトが徹底されなかったり散漫になったり、あるいはメンバーが代わったり、相手の状況が変わるとできなくなるという現象が度々ありました。意識的に継続しても習慣になっていなければ必ずボロは出るのです。

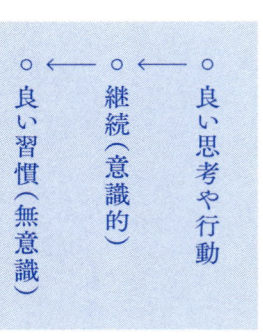

一つのチームで一人の選手の思考がネガティブあるいはマイナスであれば、そのチーム全員へ与える影響は限りなく大きく、場合によってはチームの足を大きく引っ張ってしまいます。

しかし、たとえメンバー外であっても、ポジティブな「声がけ」があったり、能動的な「働きかけ」があれば、チーム全体の雰囲気が重たくならず、すべてがプラスに働いていくわけです。

だから、スポーツ選手と「思考」の関係は極めて重要で、例えば、難しい局面で失敗した時や、周囲の期待に応えられなかった時の矢印を自分に向けられるかどうか。先発メンバーから外された時、あるいは自分が試合に出場できなくて苦しんでいる時に監督やコーチの責任にしたり、チームメイトに愚痴を言ったりするマイナスの思考を持っているようでは話になりませんし、そんな思考の持ち主には当然チャンスは巡ってきません。

・原因は必ず自分にある
・評価は他人がするものである

・自分はまだ評価に値しない

という「矢印が自分」にならない限り、今以上の成長も限界値を超えることも絶対にあり得ません。

常に自分に矢印を向けて努力を重ねていけるかどうかが重要なのです。誰かのせいにせず、チームの空気を悪くすることなく、自分勝手な思考を持たない。そうでなければチームにとってマイナスの存在にしかなりません。思考や、そこから生まれる習慣というものは、それくらい重要なものです。

2023年のゼルビアでいえば、チーム全員がチームコンセプトを意識して、しっかり継続している時は、ゼルビアらしいゲームができて結果も出ていました。ただ、第4タームから第5タームにかけては本来やるべきことへの意識が薄れ、自分勝手なプレーが目立ち始め、それに比例して結果が出なくなりました。選手も試合に慣れ、意識や思考として面倒なことを受け入れられなくなる時期が必ず来ます。ただ私の中ではそれも想定内ではありましたが……。

今だから書けることもありますが、2023年シーズンで、私が指導者として唯一納得できなかった時期がここでした。それは、私がコンセプトを「習慣にする」と言葉にして何度も意識を持たせようとトレーニングしてきましたが、やはり習慣化までには至らなかったと自覚したからです。ある程度の継続はできたからこその結果だと思いますが……細部まで突き詰めていうと、残念ながらシーズン終盤は少し元に戻ってしまったと感じています。

2024年シーズンはこの経験を活かして、チーム全体でしっかり「習慣化」できるように徹底して指導しています。

Rule 9

「悪い習慣」を徹底的に排除する

～スタンダードになるまで根気強く伝える～

プロと高校生を比較した場合、勝つための組織マネジメントは基本的には同じと書きましたが、もちろん違う部分もあります。
プロの選手たちの大半は自分たちの生活や家族を支えるためにサッカーをしています。彼らが自分たちの家族や将来への不安を抱えていたとしても、そういった悩みを一つのパワーに変えられるように「心に寄り添って」アプローチしてあげることが、プロ選手に対するマネジメントにおいてはとても大事なことです。

高校生などの育成期には、ある程度ストレートにすべて思ったことを指摘することが望ましく、指導者は彼らの「将来に寄り添って」強くアプローチすることが求められます。一方、プロ選手はサッカーの知識も豊富であることから、話に根拠や説得力を持たせ、キャリアを尊重し丁寧に伝えていくことが重要です。高校生と指導者は師弟関係ですが、プロと指導者は同じ雇われの身で同等の立場なのです。互いに高め合い、厳しくも良い関係性を構築していくことが大切だと言えます。

それぞれに対するマネジメントの特徴があるなかで、青森山田時代からずっと徹底していることは、「良い習慣」の継続と「悪い習慣」の排除です。意識や考え方についてはどちらも厳しく指摘し、双方の理解のもと細かく言及してきました。特に重視したのは、ピッチ内の守備における「原理原則」の徹底や「悪い習慣・癖」の排除です。

さらに重要なのは、選手たちに「勝者のメンタリティ」を植え付けることです。常に勝つことだけを意識し日々実践させていく。細部への配慮を怠ることなくチーム内で厳しく求め合っていく。これは最も難しい作業ですが、強いチームを作っていくためには、この「土台」となる部分が重要なのです。これは実際に2023年シーズンの開幕前にも選手にハッキリと伝えました。「勝ち続けるチームの良い習慣」と「勝てないチームの悪い習慣」を明確にし、彼らの思考や意識を徹底して整理しました。

そのためには、日々のトレーニングから次の試合の勝利を、ひたすら求め続けていくしかありません。

具体的にはミーティングや毎日のトレーニングで、個人またはチームの課題を明確にし改善していく。週末の試合の勝利から逆算し、何が必要かを個人でもチームでも話し合って有効な手段を考え抜くことです。

2024年、初のJ1シーズンも、新加入の選手を含めクラブハウスやキャンプで相当厳しくトレーニングしています。選手たちも体力的にキツいと思いますが、充実感と高揚感に浸り楽しそうに取り組んでいます。目的のためにキツいことでも笑顔で楽しく実践する。これがゼルビアのスタンダードとも言えます。

トレーニングでは「本当にこの一戦に懸けているのか?」「この1本で人生が変わるんだぞ!」と選手の心に問いたいこともあります。

就任当初、シュート練習でも、1本に懸けて取り組んでいる状況には見えないことがありました。平気で決定的な場面を外したりしているし、どう見ても真剣味が不足している。日頃から1本のシュートに拘って、これを外したら試合に負けるという極限まで追い込まれた精神状態をイメージしてトレーニングをしていないと、本番で生きるスキルは習得できないし、チャンスに強いチームなど作れません。リアリティのない意識の低いシュート練習など、100本、200本打ったところで何も得るものはありません。

「極限まで本番をイメージしてトレーニングをする！　それを積み上げていく！　そうでなければ何の収穫もない！」

このような話を開幕前のキャンプでの練習後、選手全員に伝えました。

まさに、こういった話を何度も何度も耳が痛くなるほど伝えていくことが私の仕事なのです。人はよく、その日聞いた話は、その日のうちに「75％は忘れる」と言われています。一度伝えたからといって100％伝わるわけではないし、理解させられるわけでもない。自分たちのスタンダードになるまで根気強く伝えていくことで「勝利のメンタリティ」を少しずつ浸透させていくのです。

いつも失点は「原理原則」を怠ったり、チームコンセプトを「遵守しなかった」時に生まれます。それを回避するために、ピッチ内の習慣を細かく何度も伝えていくことが必要不可欠なのです。映像を確認したところ、これまでのゼルビアは「原則を知らない」「コンセプトがない」ことにより大量失点を許していた。「やるべきこと」「やってはいけないこと」を細かく整理するだけで、結果は大きく変わっていたと思います。

ピッチ外の習慣についても同じことが言えます。

選手の多くは家庭があるため、家族と過ごす時間も必要。オフシーズンや練習以外の時間はリフレッシュすることを大切にしてほしい。

1日24時間・1年のサイクルは誰にも平等に与えられています。時間は有限でありながら、使い方は無限です。自分の身体のメンテナンスも重要で、次のパフォーマンスに影響がないようにしっかり休養をとることはプロ選手としての責任でもあります。

練習後には自分自身のコンディションやパフォーマンスを評価し、必要なだけのメンテナンスや休息をとることで次なる準備をする。また、体調を崩すことは許されないので1日約90分の練習時間以外を上手く活用し、メンタル面も含め自分自身が納得できるパフォーマンスを引き出すために必要な準備をしっかりと行ってほしいと考えています。何事も「成功」の裏には「優れた準備力」が隠れているものです。それを怠り長いプロ人生を送ることは100%不可能でしょう。

Rule 10

運も引き寄せる
～準備・打つべき手すべてを行い、最後は神頼み～

余談ですが、私の習慣にはどんなものがあるのかよく聞かれることがあります。

特別なことはありませんが、試合前には必ず神社仏閣にお参りすることを習慣としています。

青森山田時代からずっと続いている習慣ですが、自宅の近くの神社にもお参りに行きますすし、ゼルビアのクラブハウス近くの神社へもお参りします。アウェイの時でも宿泊しているホテルの近隣の神社に、場合によっては2つ3つお参りする時もあります。心配性なので時間さえあればいくらでも行きます（笑）。

「感心したのは、最後の最後には神社へ行って神頼みまでされていると聞きました。オカルトを信じてるような人は普通そんなに準備はしないです（笑）」

これは巻末対談中に藤田晋さんが私を表現してくれた言葉ですが、私がやるべき準備、打てる手をすべて打って、マイナス要因をすべて潰して、さらに神頼みまでやっていることに驚かれたようです。

それだけ私にとっては特別な習慣なわけです。監督として指導者として、いつもギリギリの勝負を強いられていて、最後の最後に頼りになるのは自分の「勘」しかないし、いつも最適な「アイデア」が頭に舞い降りてくることを願っています。勝負に生きている人は、そんなことでも「信じたい」と思っているはずです。最後は「祈ること」「感謝すること」しかなく、自分の気持ちを伝える意味でお参りは欠かせません。これはある意味、自分の運を強くするために行っている儀式のようなものかもしれません。有り難いことに、ここ10年の運気は抜群に良いと感じていますね。

サッカーというもの（ビジネスもですが）には正解がありません。起用選手のチョイス、選手交代のタイミング、戦術……正解がないなかで勝ち負けが、結果としてハッキリと出ます。負けた場合は監督が責任のすべてを負います。自分の判断が、または采配が、その勘が有効に働くというのは、最終的には直感などロジックを超えたところにあるんだと思います。

これは自己分析ですが、私はある意味、性格的に心配性なところがあって、常にいろいろなことを気にかけているようです。ましてや勝負の世界においてはさらに慎重になります。チームをマネジメントする上でも不安だと思える要素を一個一個確実に潰していきます。あらゆる不安要素を排除し、さらに最後の神頼みも怠らない、といったほうが正確かもしれません。これはチームマネジメントと同時にセルフマネジメントでもあるのです。打てる手はすべて打つ、これが私の信条です。

ただ、事前にあらゆる手を打って試合に臨んだとしても、思い通りの試合運びができるとは限りません。しかも実力差も拮抗しているためまったく計算はできません。そこで必要なのが選手交代などの監督の采配になりますが、正解はないため最後は自分の勘を頼りに決断するしかありません。結果として勝てば、お参りの際には「ありがとうございました」「おかげさまで……」と感謝を伝え、負けた時には「勉強になりました」「学習させていただきました」と伝える。神社ではいつも心が洗われる静かな時間を過ごしています。

お参りをする、あるいはご祈願するという行為は謙虚さや学びの姿勢を確認する時間でもあります。指導者やリーダーには特に必要なものではないでしょうか。ロジカルではないかもしれませんが、私の習慣のなかで最も大切にしているものです。

Rule 11

リーダーとしてのやり甲斐を感じる

~孤独、重圧、誹謗中傷とどう向き合うか~

「監督業の本質とは何か?」と聞かれたら、30年前の自分と、20年前と、

10年前と、5年前と、今とではそれぞれ答えが違います。一緒に戦う選手が違うし、自分の経験値も違う、注目度や期待度も全然違います。

ただ、監督にかかるプレッシャーや孤独感などは今回のJクラブでの仕事が過去最高ではないでしょうか。まだ慣れていないのもあると思いますが、緊張感を維持するためにずっと慣れたくない自分もいます。私の持ち味は「高校サッカー」と「プロサッカー」のハイブリッド方式ができることで、唯一無二の新しいスタイルを構築していきたいと考えています。もしかしたら見慣れないスタイルに違和感を覚えたり、異様に見えるかもしれませんが、互いの良いところをミックスさせ強化していくことが、より強いチームづくりに繋がっていくものと信じています。もちろん新しいチャレンジに不安や重圧を感じていないわけではありませんが、「敗戦」という恐怖と戦っているのは、きっと、どこのチームの監督も同じでしょう。

何気ない一つの言葉が、そこだけ切り取られ勝手に一人歩きしたり、誇張されたり、またメディアの悪質な書き方によって、心にもない、本意でもないことが、ネット上に出回ることがあります。それは悲しいことに誹謗中傷にまで発展することもあります。事実を説明する機会も与えられず、時が流れるのを待つだけの辛さは味わった人にしかわからないかもしれません。特にプロチームの監督になってからは、これが本当に想像以上に多い。メディアがたくさんいる世界に飛び込んだことで、試合の勝ち負けだけでなく、ゼルビアのファン・サポーターと相手チームのファン・サポーターとの関係性も考えると、この仕事の精神的難しさも改めて感じています。

ただ、一方でこう考えることがあります。

監督であること自体に深い意味はないと。ただ、チームという一つの組織の中でリーダーとしてチームの一体感を高めて、一つの作品を作っていく面白さや魅力、やり甲斐は大いにある。責任はありますが、こんな面白い仕事はないと感じています。

クラブ、スタッフとのコミュニケーションを大切にし、相手チームとの関係性も含め、仕事をするための深い信頼関係を築いていく。その過程の中で自分自身を成長させ、周囲から求められる存在、そして信頼されるリーダーになることが、監督としての存在意義だと感じています。仲間と心を通わせ共に戦い、勝利のために有効な時間を共有し、人を大切に、そして人の心に寄り添えるリーダーでありたいと常に感じています。

Rule 12
人に求められる人生を望む
～プレッシャーのない仕事はつまらない～

私は今まで人から期待される人生に意義を感じて生きてきました。それはこれからも同じです。

人から期待されない、求められない人生は私の望む生き方ではありません。またプレッシャーや責任のない仕事にもまったくやり甲斐を感じません。大学を卒業してから就いた仕事がホテルマン、そして教師（指導者）と、まさにサービスの世界。人のために何かをすることが自分自身の幸せであると感じています。人から求められ、その期待に応えていくことで信頼が生まれる。「この人なら必ずやってくれる」「この人なら絶対に期待を裏切らない」「この人に任せたい」。そんなふうに、人から求められる人生が最高だなと思うのです。おそらく、人が大好きなんですよね。

チームが優勝すること、優れた選手を育てていくこと、日本のサッカー界に貢献していくこと……そういった具体的なミッションや目標達成もいいですが、やはり人から求められ必要とされているうちが華です。人から期待され、それに応えていく人生を歩んでいきたいと強く思っています。

【3限目】

third period_verbalization

言語化

3限目は、「言語化」です。
相手に伝わらない声かけでは、
コミュニケーションが成立しません。
それは単なる、自己満足といえます。
結果に繋がる言語化の鍵は、
「言葉のチョイス」と「タイミング」。
教員生活30年間で培った
言語化に必要な5つのコツをお伝えします。

Rule 1

「欲するタイミング」で「聞きたい言葉」をかける

～思ったことを一方的に伝えるのは、ただの自己満足～

「いろんな監督を見てきましたが、ここまで言語化できる人は初めてでした」

2023年シーズン、特に後半に多く出場し活躍したサイドバック太田宏介選手の言葉です。彼は町田市出身、明るいキャラクター。2023年のシーズン後に引退、2024年シーズンからはFC町田ゼルビアアンバサダーに就任しました。今もサポーターに愛される存在です。

その太田宏介さんがこう評価し、ゼルビア代表の藤田晋さんも私の最大の強みとして「言語力」と「マネジメント」の質をあげてくださっています。

なぜ私が「言語力」を重要と感じているのか。

元来の性格もありますが、言語化能力が鍛えられたのは、やはり教育者だったこの30年の経験が大きいと思います。大阪体育大学卒業後、20代はホテルマン、教師というキャリアを歩んできました。そのなかで、言葉を通じて「伝えること」やコミュニケーションを取ることの大切さを痛感しました。

実際に教壇に立って話した際、生徒たちに大切なポイントが伝わっていないことが多く、ショックを受けたこともあります。

そこから私なりの「伝え方の改善」が始まったわけです。

何かに向かって話しかけたり、今日生徒に話したことを振り返ったりすることで、課題が見えてきました。

・どの言葉をチョイスするか？

・どのタイミングで話すか？

特にこの2点は重要です。

前者の解は「相手が聞きたい言葉を選ぶ」こと。自分が言いたいことを並べただけだと、相手にストレスを与えたり、受け入れたくないという思考も出てきます。

よく見ると、世間では宣伝広告やキャッチコピーなどで、素晴らしい言葉がたくさん使われています。その中で自分が聞きたい言葉や納得感のあるフレーズなど、会得できるものはいくらでも転がっています。そんな言葉を拾うアンテナを24時間、365日にわたって持ち合わせているかどうか、実はそんなことが大切だと思っています。

後者の解も似ていて「相手が聞きたいタイミングで話す」というものです。例えば「釣り」で考えてみます。お腹の空いていない魚は、いくら釣り糸を垂らしても食い付くことはありません。魚を釣るためにはお腹を空かしている良いタイミングを狙わなくてはなりません。要は「伝える」という作業は、相手の「欲するタイミング」で「聞きたい言葉」を効率よく与えていく作業だということです。そしてさらに大切なのは本当に伝わっているかどうかです。なので相手の「判断」や「行動」、そして「実践値」を見て評価していかなければならないし、そこに何も変化が見られなければ、結局「何も伝わらなかった」と自覚しなければなりません。まだまだ「伝え方」が甘いということです。

常に聞いている相手の立場になって、言葉を選んで、第一声で何を話すか、言葉のトーンを変化させ、少しずつ興味を探っていくのです。最悪なのは、一方的に自分の話をする人、いつまでも同じ話を繰り返している人、過去の自慢話ばかりする人、興味のない話題を延々と話している人……等で、自分では気づいていないと思いますが、そんなタイプのリーダーが多く存在しています。伝える上で重要なポイントは常に主人公は聞き手であるということです。

なぜ伝え方に拘るのか。それは自分の経験からきています。

私がまだ少年の頃、口下手な指導者がいました。いろいろと説明はされるものの「もっとこういうふうに言ってくれたらわかりやすいのになぁ……」とか、「こんな例をとって説明してくれたら有り難いんだけどなぁ……」とか、「今それを言う必要あるかなぁ……」といったように様々な違和感を覚えた経験があります。そんな若い時代に感じた経験から「伝え方の重要性」について自然と考えている自分がいました。

ゆえに、その「感覚」が授業やホームルーム、部活動を通じて教師として少しずつ洗練されていったのかもしれません。今は自然と聞く人の立場や状況を想定して、適切な言葉を選んで伝えています。

ビジネスにおいても同じではないでしょうか。

上司から部下に指示を出す時はAという目的だけ伝え指示するのではなく、Bというタスクにおけるリスクを伝え、Cという過去の成功例や失敗例を伝え、Dという成功時の達成感を伝え、Eという部下に対する期待度を伝える。このような説明を交えて指示が出せると、部下もAというミッションに対して動きやすくなるとともに、高いモチベーションで頑張れるのではないでしょうか。

指導者が伝え方を熟知しているかどうかによって、周りの人たちの動きやすさが格段に変わってくる。30年間の教師経験や指導経験で培った言語スキルは、プロサッカーの世界でも生かされる。人と人とが関係している現場では、求められるスキルはどこも同じなのです。

Rule 2

聞きたい内容や期待値を上回る

～言葉を伝えるべき、最高のタイミングを見極める～

言語化といっても、ただ言葉にするのではなく、多角的な視点で考え、発言するべきだと考えます。重要なのは、話したい人と聞きたい人のタイミングがぴったり合っていること、そして話をする人の話の内容が、相手の聞きたい内容や期待値を上回っていくことです。

さらには聞きやすさも含めて、上手く話す人というのはタイミングと内容のポイントをしっかり押さえています。大事なのは自分が何を伝えたいかだけでなく、伝えたいことを相手が聞きたいポイントから逸脱せずに伝えていくことです。相手が何を聞きたいか、どのように聞きたいか、どんなメッセージが心に響くか。そしてタイミングを逃さないことです。そうすると、相手からも興味深く積極的に聞いてもらえるでしょう。

選手の指導において、自分の感じた要点だけをしっかり伝えたから、自分は「説明責任を果たした」「十分理解させた」と思っている指導者がよくいます。しかし精神的に心が安定せず聞ける状態になっていない相手に、一方的に自分の言葉だけを発して良いことを言っても情報としてなかなか入っていくものではありません。「伝えた」ということに満足して、伝わっていないのは「話を聞いていない選手が悪い」と強く主張する指導者もいるようです。こういった指導者のもとではチームは何も変わりませんし、肝心なところで勝てないチームの典型でもあります。指導者的立場の人はそのことを十分認識しておくことが大事だと思います。

選手対象のミーティングでは、「自分だったらこう聞きたい」「このメッセージなら理解しやすい」「この言葉なら士気が上がる」など、そんなことを頭で整理してタイミングよく伝えていきます。そして今、最も「響きやすい言葉」を選択して的確に伝えることが大切だと感じています。教師の頃からそういったことを心がけて、生徒と接していたので、今の自分のなかでは特に難しいことではなくスタンダードになっています。

Rule 3
ロジカルかつ、熱量をこめる
～太田宏介が語った、モチベーションが上がった言葉～

私の言葉を聞いていた選手たちはどう感じ、どう思考を整え、どう行動を変えていったのでしょうか？

選手にミーティングの印象を聞くのが一番いいのかもしれませんが、前述の太田宏介選手はしっかり私の言葉から感じ取ってくれていたようですね。ほとんど記憶にないのですが、アウェイの秋田戦のロッカールームで私が伝えた言葉は、よりシンプルに強い想いを込めて、初優勝に向けて士気を高めたような気がします。ここで少し、宏介の言葉を紹介します。

「黒田監督は本当にストレートに言う方。上手に言い方を変えて誤魔化すような人ではありません。忖度もありません。

選手のモチベーションをアップさせるため、ポジティブな言葉をかけるのではなく、あえて精神的に追い込んできます。その真意は、実は『想いを力に変える』『奮起させる』ことが目的なのです。アウェイの秋田戦ではそれまで悪かったチームの流れや雰囲気を一変させました。おそらくですが黒田さんは自分自身にもすごくプレッシャーをかけていたと思いましたし、自らを奮い立たせたい気持ちでいたと思います。

ファンやサッカー関係者の目線からしたら、2位との勝ち点差があれだけあるのだから、この試合に敗れても結果的には大丈夫でしょうと考える人も少なくなかったはずです。でも現場は全然そういう『空気感』じゃなかったし、『余裕』は一切なかったです。

『ちょっとでも浮ついたスタッフが一人でも現場にいるなら、ゼルビアの会社全体のなかにも一人でもいるなら、また勝負ごとを甘く見ている人が一人でもいようものなら、絶対優勝なんてできないし、J1には絶対行けないぞ！　そんなに勝負は甘くないぞ‼』」

と熱くチームを鼓舞する監督の姿が今も忘れられません。黒田さんは、ほんの少しの油断も絶対にしないし、こうした油断が一番大嫌いなことなんです。

あのアウェイ秋田戦の前、監督自身が一番強烈に危機感を持っていたでしょうし、あのミーティング一つで選手にはいい形で浸透したし、改めて『使命感』を感じた選手たちは加えて『気概』も芽生えたのではないでしょうか。ネガティブな雰囲気を一変させたんです。結果的にそこから5連勝で最終節を終えています。そういった言葉のマネジメントも巧みな監督は僕自身初めてでした」

人はよく、指摘されて初めて自分の長所や短所に気づくことがあります。ハッとしたのは試合前のミーティングの自分の様子を聞いて、「自分自身がそこまで熱くなっていたのか」ということです。これも後から聞いたのですが、宏介にとってこのアウェイ秋田戦は「ベスト3には入る試合でした！」と話していたので、今シーズンの話かと思ったら「人生のなかで！」と返ってきました（笑）。

また、宏介はこうも話していました。

「たしかに秋田戦は人生のベスト3に入るぐらいのアドレナリンが出ました。実は7月の頭に僕は怪我をして2ヵ月ぐらいチームから離れていました。実戦経験ほぼなしであの試合には先発出場して90分フルで出たんです。フルで出場したのは開幕前のキャンプ以来でした。

コーチとも『宏介はプレーできても60分か70分だぞ』という話をしていましたが、試合時間が残り20分や10分になっても、全然疲れていなかったんです。後半は監督がいるベンチ側が僕のポジションだったので、指示を細かく聞いて選手に伝えていました。監督は試合中にあまり難しいことを言いません。ラインを上げろ、球際に寄せろ、もっと盛り上げてくれ！　みたいなシンプルな言葉が多いです。

その試合は不思議な感覚だったんです。確かに監督はピッチの外にいるのに、同じピッチ上で戦っているかのような……もう、一心同体で戦っているような時間を過ごした記憶があるんです。それぐらいあの試合は特別な試合なんです」

一緒に一つのシーズンをともに戦った選手のことは、監督との上下関係ではなく、同じ仲間や家族のように思っていますが、宏介のこの言葉にはグッとくるものがありました。

私はプロの監督です。時には選手もチームも追い込む言葉が必要な時もあります。時には連勝が続いて安易な雰囲気が流れるチームに、活を入れる意味で言葉を放つ場合もあります。

しかし、それはチームの優勝や目標から逆算して必要な言葉ばかりです。昇格や優勝などというのは綺麗ごとばかりではない。私は今後も一切の忖度も妥協もなく、選手と向き合っていきます。そのための言葉はロジカルである一方、熱量を持ったものになるはずです。

Rule 4

マンネリ化させず、最適化する
～試合2時間前のミーティングは2枚のパワポで～

相手の立場に立って物事を捉え、相手が聞きたいタイミングで、聞きたい言葉でわかりやすく伝える。

これまで私の「伝える」という作業の概念を説明してきました。読者には指導者や経営者、ビジネスパーソンの方も多いと思いますが、私が試合前のミーティングでどのような感覚で作業をしているのかを少しご紹介しますので、興味があれば実際に試してみてください。ただし、意外とすぐに実践できないものなので、日頃の訓練が必要かもしれません。

毎週末、ホーム&アウェイで開催されるゼルビアの試合前、私はいつも最大で2枚のパワポ（パワーポイント）に選手へのメッセージをまとめ、伝えています。これが選手間では好評と聞いています。

2023年はJ2リーグで42試合、天皇杯が3試合あったので計45試合分、すべて違う「視点」や「言葉」を用いてパワポを作成しました。

通常、チームは試合の約2時間前にスタジアムに到着します。その後ミーティングをし、その際に2枚のパワポのスライドを出します。時間にすれば大体15分ぐらいです。ただ、その2枚のパワポを毎回1週間かけて制作します。シーズン通して、メッセージの肝となる部分は同じ言葉を使わないということにも拘っているので、全試合すべて異なるメッセージを伝えています。

内容は、試合におけるポイントの再確認、数字上の認識、想いの共有といったもので、士気を上げてピッチに送り込むことが目的です。毎試合、いつも状況も違いますから、視点などを微妙に変化させて伝えています。また、内容がマンネリ化しても選手の心に響かないので、彼らに与える情報も少しずつ変化させています。

試合結果も違う、立ち位置や状況も違う、ホームかアウェイかによっても違いますから、すべてが同じスライドでいいというわけにはいきません。

今この勝負の瞬間を迎えるにあたって、一番必要な情報だったり、一番届けたい人の声だったり、一番気合いの入るメッセージだったり、「最適な働きかけ」は何かということを1週間かけて探っているのです。もはや私にとって欠かすことのできない仕事になっています。

どうやって言葉選びをしているのか?

過去の経験はもちろんですが、テレビや新聞、日頃の読書から得ている場合もありますし、電車に乗った時の中吊り広告からヒントをもらう場合もあります。ありとあらゆる情報のなかから、自分のフィルターを通して、刺激的に入り込んできたキャッチフレーズを、携帯のメモ欄に残したりパソコンで打ち込んだりします。それらも厳選して活用し、パワポに凝縮して注入していきます。ヒントはそこら中に転がっていますので。

性格的にやっつけ仕事は一番嫌いで、スタッフ仲間であっても心ない仕事は絶対に許しません。そこはかなり厳しい感覚を持っていると思います。皆さんにはどう見えているかわかりませんが、このように意外に繊細な性格なのです（笑）。

Rule 5

リーダーの人生観や思考を優先させない

～私の感覚は「哲学者」ではなく、「思想家」に近い～

メディアで「黒田哲学」という言葉が使われ、あたかも常勝軍団を生み出すマジックや秘訣があるかのような表現が使われます。しかし、サッカーは基本的には上手くいかない競技です。皆さんがイメージする「黒田哲学」などというものはありません。自分の描いたイメージにチームや選手たちを当てはめようという発想自体が私にはないのです。どちらかというと「哲学者」というよりは「思想家」的感覚に近いと私自身、捉えています。

哲学者ではなく思想家とは、一体何を言っているのか。そんな言葉が聞こえてきそうですが……。

チームや組織というものは日々姿や表情を変えて、良くも悪くも少しずつ変化していきます。昨日良かったから今日が良いわけではなく、また今日良かったから明日が良いわけでもない。試合も良い結果もあれば悪い結果もあります。なので自分の人生観や思考を優先させるようなリーダーシップには限界があると感じています。組織における日々の変化を即座に察知し、危機感を持って直ちに対策を講じる術を持っていることがリーダーとして最も重要なスキルだと思っています。

シーズン中、第1節から最終節まで同じ状況で迎えられている試合なんて一つもないわけで、当然、選手たちにかける言葉も、示す資料も毎回変化させていかなければなりません。監督として大切だと思うのは、この3つです。

1、変化に敏感である

2、即座に対策を講じられる

3、常に現状を上回れるようにイメージできる

試合も必ず相手がいるし順位の変動もある、勝ち点差もある、得失点

の差もある。追い上げるチームと迎え撃つチーム、いろいろな立ち位置やモチベーションがあり、それらが毎回状況を変えていきます。選手たちにかける言葉も毎回違って当たり前なのです。

彼らがどう感じて、どう取り組んでいるかを日々よく観察するんですね。観察をして自分からアプローチを変えていく。だから私の「哲学」がこうだからと枠を決めることはせず、彼らの状況や周りの状態を見ながら自分の匙加減を細かく変化させていかなければならないのです。

1見えた「悪い習慣」を10と捉え、その感情を危機感に変えて伝えるリーダーと、逆に10見えた「悪い習慣」を1と捉えて楽観視して見過ごすリーダーの違いは、「天と地」の差があります。

実際のマネジメントとはそういうことだと思います。押してダメなら引いてみるではないですが、選手が熱い時に熱い言葉、ぬるい時に冷めた言葉を伝えてもまったく響かないでしょう。選手たちの状況、コンディション、彼らが不安なのか、すごく自信を持っている状況なのか、心にあるのは慢心なのか、安心なのか……、局面において感情や思考が移り変わるなかで、どういうアプローチをしたら、彼らが一番腑に落ちるのか、または頑張れるのか、ということを踏まえて、毎回伝え方の手法を変えなければなりません。これこそが「伝えることが生み出す最強のマネジメント」だと私は考えています。

だから自分の思考の中に閉じこもるような「哲学」というような言葉は自分のイメージにはない。世の中の流れや背景、状況に則して何か思い描いたことを言葉という形に残している「思想家」という感覚に近いと感じています。

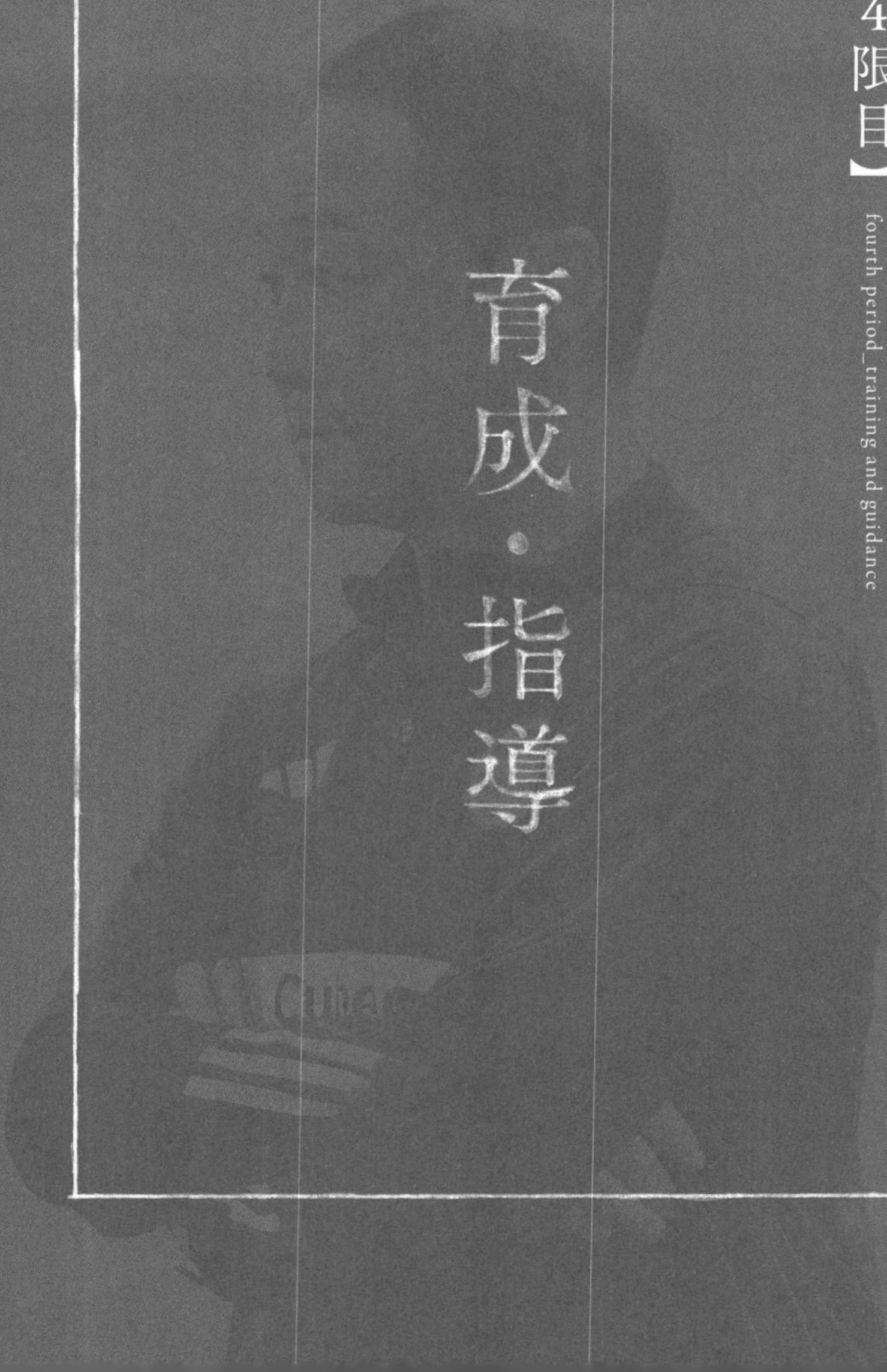

【4限目】

fourth period_training and guidance

育成・指導

最後のテーマは、「育成・指導」。
よく質問されるのは、「Z世代」との接し方です。
ベースとなるのは、「教育」。
結局、人としての土台「心技体」が備わっていないと、
どこかで伸び悩みます。
さらに、重要なのが「感情のコントロール」。
若手に限らず、ベテランをも成長させる
11のポイントを説明します。

Rule 1

Z世代には「悲劇感」を

～「悲劇的感情」を大きく揺さぶる～

ＦＣ東京・Ｕ－23日本代表で活躍した松木玖生選手は青森山田の教え子の一人です。卒業後に加入したＦＣ東京では、高校サッカー出身としてはクラブ史上初となる開幕戦先発デビューを果たしました。

私は松木選手のような「Ｚ世代」と呼ばれる若い選手とのコミュニケーションが特に難しいと思ったことはありません。会社の社長や管理職にその世代の扱いに悩んでいる方が多いと聞きますが、そんなに難しいことではありません。何が一番大切かというと、それは「感情」のコントロールです。特に「悲劇感」を揺さぶるアプローチが効果的と感じています。

Ｚ世代の多くは周囲からもっと評価されたいと思う気持ちが強い傾向にあります。承認欲求が強く「褒められたい」「認められたい」という傾向が特に強いかもしれません。

ただ、昔より能力の高い若い人材が今の時代は豊富です。トップダウンで強制的に仕事をさせられることや理解不能な残業を嫌い、プライベートと仕事を混同させることも大きく毛嫌いする傾向がみられます。さらに、多くの休暇が欲しいし、高収入も得たい。自分の権利を守りながらも、ある程度の自由度を持ってワークライフバランスを保ちたい人が多く見られます。昭和世代の人からしたら思わず笑ってしまいそうな世代に見えますが、それが今の時代なんです。この世代をコントロールするのは非常に難しい局面もありますが、自らの感覚を変えるだけで実は難しく感じる必要はなくなります。

私が意識しているのは「感情」をコントロールすること。いくつかある感情のなかでも特に「悲劇感」は人の心や行動を強く動かす要素の一つです。

サッカーでの例ですが、ある選手がゴール前の守備で5m戻ることを怠ったことが失点に繋がったとします。

監督が「お前、何やってんだ！」「練習でやったよな？　なんでサボったんだ！」と叱っても「サボったわけじゃないし」とか「それは俺だけ？」と理解を示さず、反論するのが得意な世代です。特に指導者との信頼関係がなければ、選手の心はますます離れていきます。

感情で物事を伝えても基本的には伝わりません。自分一人だけが責任を負いたくないのです。またチームメイトはいつも味方してくれると思っているので、仲間に愚痴をこぼすのが常で、いつでも誰かが自分を救ってくれると考えている甘さもあります。

では、少し角度を変えて考えてみましょう。彼らにとって、一番の悲劇とはなんでしょうか？　それは、ともに戦うチームメイトに自分は「どう思われているか？」ということとかかわっています。

「あれだけ練習やミーティングでも徹底してやってきたのに、この5mをサボったことによる失点は許せない。みんなの頑張りがムダになったし、あれは絶対にやってはいけない！　勝つためにみんなで頑張ってきたのに酷すぎるし悔しすぎる！」「あの局面はもっと頑張ってもらわないと、お前は試合に出る資格などない」

監督から叱られるのではなくチームメイトから、このように言われたとします。さらに他の選手にも同じような意見を言われると、

「自分がサボらずにしっかりやるべきでした。みなさん本当にすみませんでした……」「とんでもないミスをしてしまいました」「みんなを裏切ってしまいました」

と、自らの判断ミスの重大性に気づき反省の感情が生まれます。

チームメイトから自分がチームの一員として認められない、自分は仲間から信頼されない、となっている現状が悲劇感をくすぐり、「二度とこんなミスはできない」「仲間から信頼されたい」「必要とされたい」という感覚になり今まで以上に頑張ろうとします。

彼の心には火がつき、次は絶対に挽回しなければならないというモチベーションに変わるわけです。チームに嫌われたくないし、認められたいからです。あえて「指導者対選手」という対立関係を作る必要はないのです。

もう一つたとえ話をしましょう。

もし全国大会で「優勝したら報酬として100万円もらえます」となっても、Z世代は優勝を目指すための練習が辛く厳しいと、「もう耐えられない」「こんなに辛いのならもう100万円もらえなくたっていい」「今まで通りの練習に戻りたい」、と考えます。なぜなら100万円をもらえなくても過去と現状は特に変わらないから、どちらかを選ぶなら楽なほうがいいのです。しかし、全国優勝しないと「100万円払わなくてはなりません」となれば、途端に人間は必死になると思うんです。失うのは嫌なんです。人間は失うことに大きなストレスを感じます。そんな「悲劇的感情」を大きく揺さぶること、または心理を操ることができれば、Z世代の思考を上手くコントロールすることができるのです。

Z世代は「評価されたい」という感情と同時に「チームの一員として認められない」ということに強烈な焦りを感じる世代です。

ですから激しく叱ったり、今ではパワハラとされるようなコミュニケーションではなく、そういったZ世代ならではの感情コントロールの方法を駆使することが適切な指導に繋がります。
一見、ネガティブな感じですが、決してそうではなくすべての組織マネジメントで有効な手段になると思います。

Rule 2

育成は教育から
～伸び悩みは、心技体の土台の欠如～

スポーツの「育成論」は多くの場面で語られます。サッカーだと、ひと昔前ならドイツ、今はスペインやイングランドの指導や育成方法が優れているなど話題は尽きませんが、私は30年近く育成の最前線にいた者として、多くのプロ選手や日本代表選手を育ててきた一人として、以下のように考えています。

「選手の育成は、根本的な教育抜きに語れない」

特に日本においては、です。結局、人としての土台がしっかりしていないと、あるいは「心技体」という基本的なことがしっかりと育っていなければ、たとえプロになっても成功は極めて難しいということは30年の経験ですでに立証済みです。スポーツを教わる上で、競技スポーツを続けていく上で、成長に欠かせない大切な要素は「教育」です。

ただ、教育といっても広範囲で様々な意味があります。私は生活の基本的部分、礼節、礼儀正しさも含めて教育と考えています。

「人の話を敬意を持ってきちんと聞ける」「周囲に流されることなく信念を持って頑張れる」「人の心をよく理解し行動できる」「頑張りではなく努力ができる」「自分のウィークポイントと向き合い克服できる」等々、人として、スポーツ選手としての基本は、できているようで意外とできていない選手が多いと感じています。一般の社会人も含めて成長できていない人は、そこに問題があるのではないでしょうか。

スポーツ選手として、結果を出すために、認められるために、何をどのように頑張るべきか、努力すべきかをよく考えなければ進歩はありません。さらには辛抱強く自身と向き合える忍耐力があるかどうか。自身にいつも問いながら鍛錬していくことはとても重要です。

自分にとって必要なスキルを学ぶことは大事ですが、個人スポーツであろうとチームスポーツであろうと、一人で何かを成し遂げることは絶対に不可能です。人として仲間をリスペクトし、協調性を持って付き合える。そういった思考やメンタルを持っていなければ国内でも、海外へ出ていってもまったく通用しません。海外移籍など高い目標を掲げてチャレンジするのもいいですが、基本的なことを心得ずに達成できることなどないのです。最初はいくらか上手くいっても現実的には長続きはしないでしょう。

昔はエゴが強いとか自己中心的な選手もいましたが、能力が他より少し高くても、そんな差はたかが知れています。能力が高くても「潰れていった選手」や「伸び悩んだ選手」を今まで何人も見てきましたから……。やはり教育から得られる基礎的な要素が土台となり、それこそがアスリートの成長にも欠かせないものなのです。

Rule 3

「得意分野を伸ばす」だけの指導は妥当ではない

～常に選手の「限界値」を叩き続ける～

「自分の得意なところを伸ばしなさい」という言葉、これもよく聞きます。

非情なことを言うつもりはまったくありませんし、あくまでも個人的な見解ですが……私はあまりこの言葉が好きではないし、むしろ指導者としては「無責任なアプローチ」と感じることがあります。もちろん、競技や種目にもよりますが。

得意なことだけに向き合わせるのは楽です。教える側と教わる側の関係性としてストレスもないし、わだかまりも起きないし、もちろん嫌われることもありません。そこそこ「頑張った感」があるし気持ちよく練習ができる。ただそれは、その後に訪れるハイレベルなステージをイメージできていないからで、得意なところだけを洗練させたところで、それが通用しなかったら、または攻略されたら、その選手はもうお手上げ状態となります。いわゆる選手として、そこが限界値となるのです。やはり早い段階で自らの「苦手」と向き合い、時間をかけて克服していく努力が必要です。その追求にはストレスや苦難が生じますが、それが最も大切なことなのです。選手として優れた特徴は、長期にわたりコツコツと磨き続けることで初めて武器になるのです。武器はできるだけ多くあった方がいいに決まっています。選手の武器を増やしてあげることが育成に関わる指導者の役割ですし、そこに言及できない指導者に選手を大きく伸ばすことは困難と言えます。

　選手は「心技体」すべてにおいて自分のウィークポイントとしっかりと向き合うこと。そして日々の鍛錬から自分のスキルアベレージを向上させ、日常のなかで努力を怠らないこと。これを求め続ける姿勢こそ、アスリートの成長に最も重要なことだと思っています。

なので、得意なところばかりを取り上げ、ストレスなく指導する人、あるいは言いたくないことは避け、選手に気持ち良くプレーさせる人など、指導者としてこれぐらい楽で無責任なアプローチはないわけです。

仮に、もし目の前に才能ある若者がいたとして、その人の成長を本気で願うなら、言いたくないことも言わなくてはならないし、あえて厳しく指摘していかなければなりません。一時期、関係性にわだかまりができるかもしれません。また選手はストレスを感じ指導者から離れるかもしれません。でも、伝えるべきことはしっかりと伝えていくべきなのです。選手の「ウィークポイント」や「弱さ」にしっかり言及し、自分の嫌なことから逃げることなく向き合わせ、確実に克服させていく。これが指導者の本来あるべき姿なのです。

時には強く叱責するような場面もあるでしょう。しかし育成年代では、選手の感情を刺激し様々なことを学ばせながら成長させていくのです。そこに熱意を持ってしっかりとアプローチできる人が指導者やリーダーとしてふさわしい。ビジネスにおいても、嫌われたくなくて周囲の機嫌ばかりとっているリーダー、関係性を壊したくなくて厳しく言及できないリーダー、結果も出ていないのに現実から逃げてばかりいるリーダー等々、それはもうリーダーとは呼べません。組織のリーダーや指導者には、目的から逆算し明確なイメージを描き、妥協することなく突き詰めていく「情熱」と「忍耐力」が求められるのです。

幼少期の子供たちや、競技未経験の子供たちを指導するにあたり、指導者が「褒めて伸ばす」ことは基本であり、その競技の「魅力」や「楽しさ」を伝えるためには有効なアプローチとなります。大いに褒めて褒めて褒めちぎって元気に活動させてほしいと思っています。選手の年齢やレベル、目標、目的によって手段や関わり方はいつも大きく変わってきますので、そこを十分に理解した上で指導にあたってほしいです。

ある選手が、それなりのレベルに到達しプロを目標に掲げた時、指導者が陥る「危険性」について少し触れておきます。スキルアップやレベルアップを目指し、自分の限界値を超えようと選手がもがき苦しんでいる時、指導者はどのように声をかけ、導けば良いのか。

これは話が違ってきます。目指すレベルがプロであれば、要求レベルもプロで通用するレベルでなければ話になりません。選手が100%のパフォーマンスを望み追求した時、本人としては70%ぐらいの達成率で満足していないのに、指導者が「よく頑張った！ 素晴らしいプレーだった！」と褒めてしまったら、この選手の正解はどこにいってしまうでしょうか？ 正解が70%のプレーだったということになってしまい、そう思い込んでしまった選手にとってこれが習慣になってしまえば、その選手にもうプロの道はありません。これが、指導者が陥る「危険性」なのです。まさに無知で無責任なアプローチとはこのことなのです。

選手の能力を伸ばしていくためには、いつも自分の限界値（天井）を叩き続けること。落ちても落ちても、ひたすら叩き続けていくことなのです。そうしなければ、自分の限界値はいっこうに上がりません。本来ならば、Jリーグや日本代表、または海外で活躍できるレベルの才能を秘めた選手が、埋もれたままポテンシャルを発揮できないで終わってしまう。

限界に辿り着く前に満足感を与えてしまうと、その選手の成長はそこで止まってしまい、結果、夢を諦めざるを得ない状況になるのです。

この考え方は高校生にもプロ選手にも共通します。事実、2023年シーズンのゼルビアでは多くの選手が新人やベテランに関係なく著しく成長を遂げたと思っています。そしてチームとして最高の結果を得ました。成長に年齢は関係ありません。

育成とは難しいもので、いくら成長させたくても褒めてばかりでは将来的な希望は持てません。70%の全力に慣れてしまうと、70%しか出せない選手になってしまいます。伸び悩む選手の典型はこのパターンがほとんどだと感じています。

Rule 4

「チャレンジ」と「ギャンブル」は決定的に違う

～やるべきこと・やってはいけないことを確率論から整理する～

2023年5月28日、アウェイの徳島ヴォルティスとの試合（1－2、第18節）はあらゆる計算が狂った試合です。

前半は1－0でリード。特に大きく崩されることはありませんでしたが、後半開始17分過ぎにゼルビアの選手が一人退場になり、これをきっかけにすべてが崩れていきます。

明らかな自滅。どうしようもない状況も多くありますが、この2枚のイエローカードは、どちらも回避できたプレーでした（サッカーでは同ゲームでイエローカードが2枚出ると選手は退場。ベンチにもいてはいけません）。

試合中、ピッチから出ていくことは、サッカー選手として一番ダメなこと。「軽率な判断」であり、それはチームメイトに対する「裏切り行為」であることを認識しなければなりません。個人的な感情はその後に解決すべきです。試合や勝利は一人のものではありません。仲間意識を常に感じてプレーしなければならないのです。

次に、自分の不用意なプレーや判断によってPKを与えてしまうような、個人で勝手に決着をつけてしまう行為も仲間へのリスペクトに欠けています。

勝つためのゲームプランから逸脱したプレーですし、やってはいけない判断をしてしまう軽率な選手がいることは危険です。これでは「勝ち続ける組織」にはなりません。

・ゲームでやるべきことは何なのか
・ゲームでやってはいけないことは何なのか

これらをしっかりと整理し、自分の中で判断しながらチームに貢献していくことが重要なのです。

負けた原因の整理と改善のスピード化、この点は何度も何度も繰り返して組織全体に浸透させるべきことなのです。

間違えてほしくないのは「チャレンジ」と「ギャンブル」の大きな違いです。

「チャレンジ」というのは非常にポジティブなものであり、失敗しても成功してもその後には必ず得るものがある。もし失敗した場合でも、チーム全体がその部分を理解し補ってくれます。次のストーリーをイメージしやすく、その後の「大きな可能性」に繋がるのです。

一方、「ギャンブル」は周りとの共有に関係なく、勝手に自分の意思で一か八かの賭けに挑んでしまうことです。結果、周囲は事前にリスクマネジメントできず、チームが自滅してしまう可能性があります。さらに、その「過ち」を組織で補うための労力が何倍もかかってしまう。

たった一人の身勝手な思考や行動でチームのやるべきことや勝つための方程式を一瞬で破壊してしまう行為がギャンブルです。これは、周りの選手は一切フォローできません。

そもそも「ギャンブル」には「成功の根拠」がありません。

たとえが少し悪いかもしれませんが、一般的にパチンコというギャンブルで勝てる保証はありませんが、もし組織の一人が勝手にパチンコをして、その負けた分をチーム全体で「負担してほしい」となれば、他のメンバーは一切認めないでしょう。しかし、メンバーが少しずつお金を出し合って、一人に、これで「チャレンジしてきてほしい」という意思疎通が生まれれば、負けたとしても誰もが笑って終わるでしょう。たとえこの2つが同じような行動であっても、まったく「違う思考」の中で実践されたこととして、組織づくりにおいて「格段の差」があることを理解させなければなりません。

では、「チャレンジ」と「ギャンブル」をどのように見極めればいいのか。

シンプルに「起こった現象」を見て判断するしかありません。それは「プレーの確率」によります。そのプレーが「成功」した後に何が得られるか、「失敗」した後に何を失うか、その確率論から考察すべきです。

チームや組織としては、ギャンブルの結果得られるものよりも、失うもののほうに深くアプローチすべきであって、「マイナス」は悲劇的状況と捉えるべきです。よって、どれだけリアリティを持って日々のトレーニングに向き合えるかも重要です。

リアリティを持つための訓練は監督やコーチだけでなく、選手が自分たちで常に思考し意識していくことでしか身につきません。

監督としては、試合を想定した上で緊張感のある雰囲気を演出できるかが重要です。

緊張感や悲劇感の背景には自分の大切なものや、守るべきものがあります。例えば「大切な家族」や「自分の生活・人生」など。サッカー選手を職業としている以上、本気で守るべきものがありますから、容易にギャンブルをすることも、他人のギャンブルを許すこともできなくなるはずです。組織というものは常にそんな危機感を煽りながら成長させていくものだと考えています。

こういった意識でサッカーと向き合えば、軽率なプレーなど出てきません。だからこそ、トレーニングの段階からすべての行動が「自分の人生」に繋がっていると意識することが重要です。練習だからといって安易にボールを失ったり、軽率なプレーが許されたり、そんな緊張感のない生ぬるい環境であれば、その人のクオリティは絶対に上がらないですし、チャレンジとギャンブルを履き違えてプレーする習慣が抜けないでしょう。それでは、勝ち続けるチームには決してなりません。

Rule 5

能力の最大値を引き上げる
～限界は「思考」と「実践」で必ず超えられる～

どうやったら最大の能力を発揮できるのか？　限界を超えて、自分が思っている以上の結果を出すにはどうすればいいのか。

限界を超える作業というのは、結局のところ自分に無理を課していく、様々なストレスを課して挑戦していくことで成されていくでしょう。

肉体的にも精神的にも今まで以上にキャパシティを広げるためにチャレンジしていく。失敗したり、うんざりするような局面というのはたくさん出てきますが、そこをやり切る。半年かかろうが1年かかろうがやり切っていく。まさに「継続は力なり」です。

そうやって自分の限界を超えていく。1日や1週間そこらで自信がついたプレーやスキルというのは底が浅すぎる。それで習得できるようなスキルなど、ただの一つもありません。そこに対して「そのプレー自信持っていいよ！」と褒めるアプローチは、育成年代を30年間見てきた私からすると、何の意味もない軽率なアプローチだということです。

もう一歩踏み出す努力、もう一歩踏み込む工夫を日々継続することで、自分の限界を少しずつ超えることができると導くべきです。

「ギャンブル」と「チャレンジ」の違いを明確にしましたが、サッカーですからチャレンジして失敗する場面も多々あります。意図のある失敗は問題ありません。むしろやるべきです。そこで指導者が見るべきポイントは、その判断が「勝敗に関わるリスクを伴った」チャレンジなのか、「チームとの連携や決まりごと」を遵守してのチャレンジなのか、「そのプレーの先に何かのイメージ」があってのチャレンジなのか、ということです。チャレンジ自体は大いにやるべきと考えますが、その判断が有効なものかどうかはしっかり精査しなければなりません。

そのチャレンジをチーム全員が理解し、「全員の挑戦」と認識できるならば、周りの選手も意識して素早く対応できるので大きなチャンスに繋がる可能性が高まります。仮にチャレンジがミスで終わっても、チームとしてすぐに切り替えられるので精神的にも良好な状態を保てるでしょう。

チームの限界を超えるためには個人の積極的なチャレンジは必須で、そこに仲間からのサポートを常に受けられる状況にあることがチームとして望ましい形です。これは、チームとしての成長に欠かせないプロセスです。

サッカーにおいては、トライ&エラーが繰り返し起こります。

常に攻撃を仕掛け、ミスは全員で補い、そしてまた次のトライをしていく。その繰り返しの中で「タイミング」や「クオリティ」そして「強さ」や「勢い」によって得点が生み出される。様々な局面においてチームの「創造性」や「結束力」が融合し、凄まじい攻防から生み出される得点には何ものにも代え難い感動があるのです。

チャレンジ→ミス→チームでカバー→次のチャレンジ→ミス→チームでカバー。

〝サッカーはミスのスポーツ〟です。

必ずミスは起きる、これを大前提にして次に起こるであろうミスの確率を減らすよう常に学習していきます。良いプレーも悪いプレーもチーム全体で共有し、少しずつ理想に近づけていけるようトレーニングを通じて細かく詰めていく。

ミスは個人の財産になり得る大きなチャレンジであり、自らの限界を超えるためにも必要なことです。そして個人の成長はチームの強化に密接に繋がっているのです。

Rule 6

成長する人・成長しない人の差を知る
〜ポテンシャルを発揮できる環境を作る〜

柴崎岳、松木玖生、室屋成、菊池流帆《りゅうほ》、武田英寿、宇野禅斗、バスケス・バイロンら、多くの選手が青森山田高校のサッカー部で大きく成長してくれました。それぞれの選手はそれぞれの壁にぶつかりそれを乗り越えていきました。

私は長年育成に携わってきましたが、成長する選手とそうでない選手には大きな違いがあると分析しています。成長する選手には以下の共通項があります。

・スキル、技術面の高さ（練習量に伴う技術力向上）
・メンタルの強さ（勝負のための忍耐力、闘争心、犠牲心）
・人間力の高さ（人の話を誠実に聞き、素直に理解できる）

技術的な部分は日頃のトレーニングのなかである程度は認識できます。

しかし、メンタルの強さ、人間力の高さというものは、精神的に追い込まれたり、体力的な限界を迎えるまで見えてきません。

自分のイメージ通りにプレーできたり、ストレスなくプレーできている時は、選手の優劣や本質はあまり見えてこないものです。基本的に成長しない選手というのは強い相手に何もできない自分がいたり、劣勢の状況で精神的に追い込まれた時に、問題を人のせいにしたり、弱音を吐いたり、諦めたりしてしまいます。苦しい時ほど勝利のために、そしてチームのために最大限の努力ができること、率先してアクションを起こせること、そんな人間力の違いが成長への大きな差となるのです。

どれだけ時代や環境が変わっても、競技スポーツは「心技体」すべてにおいて向上させていくことが重要だと思っています。どれか一つでも欠落していたら選手として一流になることはありません。「心技体」をバランスよく向上させていくことが望ましいと言えます。

我々指導者は選手のポテンシャルが発揮できるような環境、あるいは評価や比較できるようなシチュエーションをしっかり作ってあげること。我々のオーガナイズを通して、選手の隠れた能力や特性を導き出すことは可能なのです。

Rule 7

伸びる要素は「自己発見能力」と「自己改善能力」
~12歳から異彩を放っていた柴崎岳~

日本代表になるために必要な2つの能力について、実際に2人の選手を例に挙げて説明しましょう。一人は柴崎岳選手。もう一人は松木玖生選手です。

岳は2つの大事な能力に長けており、それは日本代表クラスになるためには必須のスキルといえます。それが「自己発見能力」と「自己改善能力」。育成段階でこの要素がスキルとして身についている選手は著しい成長が期待できます。

岳は青森県上北郡野辺地町《かみきたぐんのへじまち》出身。青森山田は中高一貫校のため、中学から入学してサッカー部に所属しました。高校時代には1年生で背番号「10」をつけ、ボランチとしてプレー。2年生の時、2009年第88回全国高校サッカー選手権で準優勝。2年時には鹿島アントラーズと仮契約し、卒業後にはJリーグで活躍。その後、スペインのプロリーグ、ラ・リーガのヘタフェCFなど複数のクラブでプレーしました。

日本代表では特に2018年FIFAワールドカップロシア大会で全試合に出場し、いくつかの得点シーンの起点となる活躍をしました。多くのサッカーメディアで大会における日本代表のMVPに選ばれたのを覚えています。

岳との出会いは、彼が小学校6年生の10月で、まだ12歳でした。

それは衝撃的なものでした。彼のプレーを最初に見た瞬間、こう思いました。

「素晴らしい才能だ！　この子が、プロや日本代表にならなかったら誰がなるんだろう」と。

最初に見た、青森県少年サッカー大会。

そのボールコントロールの能力に目を見張りました。プロ選手でもボールから目を離してコントロールするのは難しいもの。自分のところに向かってくるボールから目を切りながら（間接視野に入れながら）、同時に周囲の状況を把握し、情報を得て、次にボールがくる瞬間に状況が変わっても、一瞬で判断を変えてプレーできてしまう……プロ選手でもなかなか難しいスキルです。しかし彼にとっては当たり前で習慣として自然とできていました。これが才能というものだと実感しました。

12歳ながら、彼はボールから目を切ることができた。直視しなくても間接視野で捉えていて、ボールから目を離してもボールの軌道や球威を自分の感覚で捉えていました。

もちろん、まだ12歳の少年であり課題も多くありました。

ゲーム中の運動量や強度が足りない、ヘディングが苦手、右足に比べ、左足で上手くボールを蹴れない。守備面でもまだまだサボることが多いといった印象を持ちました。しかし、それらはすべて後天的にいくらでも伸ばせるものです。

岳が中学校2年生の時に移動中のクルマの中で、「自己発見能力」と「自己改善能力」の重要性を話しました。

「岳はおそらくプロにはなれると思う。でも、監督やコーチから、いちいちこんな練習をしろ、ここがウィークポイントだからトレーニングをしろと言われているようでは日本代表になることは難しい。代表になるには自分の欠点を自ら発見して、自らで改善していける選手にならないといけない」

自らの課題は自身の力で解決していく。その時の彼のことは今もよく覚えていますが、妙に腑に落ちた様子で、私が話している間はずっとうなずいていました。彼が高校3年生の時に「以前、監督は、こんな話を僕にしてくれましたよね？」と言ってきたくらいですから、自分の成長のために大切なことは確実に自分のものにしていくのが岳なんですよね。なんでも貪欲に求め続ける性格こそ、彼の最大のスキルと言えます。

中学校3年生までに利き足ではない左足のキックも万能に近いレベルにまで向上しました。毎朝5時ぐらいからグラウンドに出てきて、汗だくになりながら左足のキック練習をやっていましたから。

ヘディングもしっかり競るようになった、積極的に守備もするようになった、泥臭いプレーも率先してやった。高校に上がってから輪をかけて自分にないものを求めるようになりました。さらに自分のウィークポイントがフィジカルであると、誰かに言われるまでもなく、自ら気づいて筋トレなどもプラスしてフィジカルトレーニングを始めていました。自らで課題解決に取り組んだのです。

まさに「努力の天才」とは彼のこと。私はいつも遠くから見守っていました。

高校卒業から8年後の2018年、ロシアW杯にて、岳は日本代表のプレーヤーとしてピッチの上で夢を実現させました。

2018年ロシア大会で岳は日本代表に選出され、チームの「司令塔」を担い、4試合すべてに出場。ベスト16という成績に大いに貢献しました。この時は私も、W杯を戦う初めての教え子の勇姿をこの目に焼き付けたくて、ロシアまで足を運び観戦させてもらいました。

初戦のコロンビア戦は大方の予想を覆して2－1で勝利し、現地メディアでは「世紀の大番狂わせ」としてニュースが流れていました。攻守にわたり始終ゲームをコントロールしコロンビア代表を苦しめていました。大会全般を観た中で、岳はピッチ全体を俯瞰して見て、局面を一瞬で変える鋭いパスを効果的に配球して何度もチャンスやゴールを生み出していました。ベスト16で敗れはしましたが、大会を通じて大きなインパクトを与える存在感だったと深く記憶しています。

大会後、岳のことを「大会MVP」に挙げてくださるメディアやファン・サポーターがいかに多かったことか。12歳の時から知っている指導者として誇らしい部分もありましたが、実績や結果はすべて彼の思考や習慣、日々の鍛錬、持てる能力を最大限に駆使し格上と苦しみながらも戦いつづけてきた結果だと思っています。

私は指導者としてあくまで成長するための環境やきっかけを与え、ポテンシャルを引き出す役割を担っただけ。2024年シーズン・J1リーグで岳が出場する鹿島アントラーズと対戦するのが今から楽しみで仕方ありません。

Rule 8

チームにもう一人のリーダーを育てる

〜高校三冠を達成した松木玖生という存在〜

2人目の例は、松木玖生選手です。

彼と最初に会ったのは中学校1年生の時。岳と同じで中学から6年間見てきました。初めて会った頃は眼鏡をかけた丸坊主。ちっちゃくて、かわいらしい印象でした。でも、いつの間にか色気付いてコンタクトレンズになったりしていましたが（笑）。

後から聞いたのですが、小学校6年生の時に青森山田中の練習に初参加したようです。その時にはJクラブのジュニアユースの練習にも参加していたのですが、そこでは普通に練習をこなせてしまったと言っていました。青森山田中の練習に参加した際はプレッシャーが強すぎてまったくサッカーをやらせてもらえなかった。「俺が成長するためにはこっちの方じゃないと上手くならない、俺は強くならない」と、そう思って青森山田中を選んだそうです。

彼が中学1年生の時、私は中学校の教頭をやっていたので覚えていますが、彼は職員室に結構呼ばれていました（笑）。素直だし、人の話はちゃんと聞くし、ある種の要領の良さがありました。そして、貪欲。いい意味で遠慮することを知らない。いただけるものは全部いただく、といった感じです。情報やモノ、何かに挑戦する機会、体験することなど、そういったモノに挑むことにまったく物怖じしないタイプです。

自分の成長に必要なものと不要なものを選択し、必要なものはすべて取り込んでいきます。

「いただく」というのは独特な表現ですが、なぜか彼にはこの言葉がピッタリくるような気がします。

自身も自覚していると思うのですが、決して上手い選手ではありません。器用なプレーヤーではありません。ただ、心技体でいうと「心」と「体」の部分がかなり高いレベルにあり、「技」の部分はまだプロとしてはどうかなというのが私の評価でしたが、ただ、気持ちの部分が他を圧倒していたので、たとえミスがあったとしても技術をカバーするくらい恐ろしいほど強いメンタリティがあり、本当に頼もしい選手でした。高校3年時の全国大会3冠達成の快挙は、これからの日本サッカー界に「変革」や「革新」をもたらす「衝撃」や「影響力」があったのではないでしょうか。

とにかく頑張る、チームが困った時に選手全員を鼓舞してくれる。まるでピッチの上の監督のような存在で、時にはゲキを飛ばすこともできます。私はそういった存在でいいと思います。玖生は、どの監督にとっても有り難い存在になる選手だと思っています。

Rule 9

先輩や上司に何でも言える環境を作る

～意味のない上下関係の壁は徹底排除～

玖生には面白いエピソードがあります。

彼が中学校3年生の時でした。高円宮杯JFA U−18サッカープレミアリーグ・イーストの最終戦、市立船橋高校との試合（第18節・2018年12月9日@船橋市法典公園球技場）に、当時中3だった彼をスタメン起用したんです。

チームは3−0で勝利。ただ、玖生は後半20分くらいで交代。彼はベンチに戻ってひたすら泣いていました。途中交代させられたことと、この日の自分のプレーがあまりに良くなかったことへの不甲斐なさからでした。

泣いている姿を見てあるコーチがこう言いました。

「中学生が高校生の大会に出させてもらっていて、泣いてる暇があったらもっと試合を見て勉強しろ！　お前に他にできることないのか？　何のためにここへ来たんだ！」

そうしたら、玖生はすぐにベンチの前に出ていき、

「もっと走れ！」

「何やってんだ！」

と怒鳴り始めました。中学3年生の彼が高校3年生にはっぱをかけたのです（笑）。その姿をベンチで見ていた選手やスタッフはみんな大笑いしました。こういったエピソードもあるぐらい、肝っ玉の据わった男。しかも先輩や後輩にかかわらず愛されている。類稀なリーダーシップの持ち主なのです。

ちなみに、高円宮杯JFAU－18サッカープレミアリーグとは日本の第2種（高校、U－18）年代において全国の高校サッカー部やJユースなど上位20チーム（当時）がプレミアリーグイーストとプレミアリー

グウエストの東西2つのグループに分かれて、ホーム&アウェイでリーグ戦を約1年間繰り広げる大会。高校サッカーで「三冠」というのはインターハイ、高円宮杯、全国高校サッカー選手権を指します。

玖生は誰に対しても物申せるタイプではあるし、キャプテンシーやリーダーとしての感覚というのは、彼の中ではすでに育っていました。ただ、青森山田のサッカー部の環境、すなわち後輩が先輩に動じずにいろいろな意見や指摘を忖度なく言える環境を意図して作ったのが育成のポイントです。

自分が1年生だからといって、3年生の中に入って練習する時に萎縮するようでは、試合では到底活躍できません。学年や年齢に関係なく、しっかりと駄目なものには駄目と相手に伝える、それは後輩先輩関係なく、互いの成長に繋がります。

こういった環境を作るにはポイントがあります。

監督やコーチから先輩たちに、後輩からの上下関係のない言葉を許すように、または後輩たちにはどんどん言わせるように働きかけることが重要です。下級生に何かを言われてストレスを感じるようなら先輩も最初から試合に出るべきではない。

先輩たちもどんどん声を出すことを要求するし、もうピッチ上は全員が呼び捨てで構わない。青森山田では試合中は学年や年齢に関係なく呼び捨てです。真剣勝負の場で、さん付けで呼ぶ必要なんてないし、そんな緩い環境で常勝チームを作れるわけもない。プライベートでは先輩やさん付けで大いにコミュニケーションを取るべきです。ただ、試合ではそんな空気感があり、コーチ陣もそれを大切にしていました。これも伝統ですね。

ピッチ上では対等で戦わなければなりません。3年生も、先輩に萎縮するような下級生とは試合を共にしたくないはず。出場するからには堂々と3年生と同じような振る舞いで戦ってもらわないと「やる気ないならここには来ないでくれ！」となります。

それぐらいの気持ちで、堂々と先輩を呼び捨てにして戦う……青森山田の試合はいつもピリピリした緊張感が漂っています。

これをゼルビアのようなプロチームに活かせるか、となるとまた違います。

年齢が高1から高3というくくりではなく、20代から30代後半まで在籍しています。場合によっては19歳の選手もいます。ある程度の関係性を担保した上で、試合中も会話しながら、コミュニケーションをとりながら、または要求しながらプレーしています。年上だから、先輩だから萎縮してプレーできないなんていうのはプロではありえません。時には厳しく、時には楽しく、家族のような関係性がゼルビアのいいところだと思っています。

やはり、どんな組織であっても、どんな関係性であっても、全員のスキルやパフォーマンスが遺憾なく発揮できるよう、意味のない上下関係の壁は徹底排除すべきだと思っています。

Rule 10
究極のスキルは「性格」である
〜「やれるか」「やれないか」〜

基本的なことを徹底し、日々の積み重ねを大切にする。今の自分にとって何が最適な行動か、何が不必要で改めるべきか、スポーツ選手はこの思考と実践がなければ円滑な選手活動は営めません。またこれを習慣化させていくことで長期にわたり安定した選手生活を送れることにも繋がってきます。

ただ、これらを実践できるかどうかにサッカーが上手いか下手かは関係ありません。長年、指導の最前線にいて思うのは「性格」が重要な要素になっているということです。私は究極のスキルは「性格」であると青森山田時代から何度も何度も選手たちに伝えてきました。もちろんゼルビアの選手たちにも伝えた言葉です。

個人スキルというものは高校生とプロ選手ではやはり大きな差があり

ます。でもピッチ上で必要とされるプレー判断は、プロ、アマ関係なく求められます。何が「できるか、できないか」はあまり重要ではなく、嫌なことでも「やれるか、やれないか」。その選択においてはいつも「性格」が付きまとってきます。

サッカーの場合ですが、相手が打った強いシュートにも背中を向けることなく、果敢に食らいつき、身体を張ってゴールを守ろうとするプレーが必要とされますが、恐怖や痛みを伴うプレーにおいては、選手個人によって大きな差が出てきます。足だけ出してなんとなく阻止するプレーや、顔が逃げて身体を逸らしてしまうプレーは、失点の原因にもなり、プロであっても頻繁に起こっています。やはり少なからず恐怖心はあるものです。

勝率や失点率を考えても、シュートブロックを怖がって身体を張れず逃げてしまうプレーと、心から絶対に止めたいと正対して一歩前に出て身体にボールを当てにいく勇気あるプレーでは、シュートを防げる率がまったく変わってきます。ここに選手のスキルの差は関係ありません。

まさしく「性格」の差で勝負の明暗が分かれてきます。

どんな職場でも同じです。仕事の取り組みには「性格」の差が結果や成果に顕著に表れてきます。「やれているようで、やれていない」「やっているようで、やっていない」「頑張っているようで、頑張っていない」こんな感じの人は必ず存在します。

ベテランと呼ばれる人であっても、何年勤務していても、そこの「肝」が身についていない人はダメです。いわゆるサッカー選手のキャリアも同じ。「肝」を心得ずに積み重ねたキャリアは「何もしてこなかった」のと同じなのです。もちろん自慢できるキャリアとは言えません。よって「スキル」の追求だけでサッカーは上達しないのです。究極のスキルが「性格」とはまさにこのことなのです。

Rule 11

ベテランと若手を融合させる
～悪いベテランも良いベテランに生き返らせる～

先輩から学ぶ、過去の体験からフィードバックを受けるのも大事な要素です。いわゆる「ベテラン」と呼ばれる存在はどのチーム・組織にもおり、チーム・組織にとって、とても大切な存在といえます。

どのベテラン選手もただ歳をとっているのではなく、様々な経験を経て、酸いも甘いも知りながらチームに貢献し続けていますから、しっかりリスペクトして、接するべきです。

まず、若手の前でベテランの価値を認めること。チーム全員にベテランがいることの有効性やアドバンテージを伝え、チームのためにどれくらい彼らが必要な存在なのかを示すことによって、ベテランの持つパワーが若手をコントロールするパワーとして大きく作用するようになります。

監督から信頼され、貴重な存在として対応してもらえたら、彼らは後輩に対して雑なコントロールはしませんし、より良い先輩でいるはずです。ですから、ベテランも若手も同じチームメイトとして、リスペクトのない関係性というのは良くないし、リスペクトのある関係がすなわちチーム内の秩序を適切に保つために必要な距離感となります。

ただし、「長年やってきた＝経験値を積んできた＝すべてが正解」ではない場合もあります。成功と失敗を経験しデータとして持っていたり、チームのために誰よりも尽力できる人が真のベテランと言えます。スキルのみに頼って惰性でやり過ごしてきた人、わがままに振る舞ってきた人はチームにとって有効な経験値を持っていません。

また、他人に気を使わせたり、横柄な態度が目立つ人は残念ながらベテラン選手としては存在価値を生みません。ですから、若手に対して正しいアドバイスや指導ができ、信頼され、周囲から担がれるほどの人格を持った人ならコーチングスタッフにとっても有り難い存在になり得ます。

サッカー選手はもちろんですが、すべてのアスリートは年を重ねていくと「引退」というものをある程度頭に描きながら、毎年毎年を大切にプレーしています。

チーム、そして一般の社会でも、良いベテランと、そうではない悪いベテランという存在がいるのではないでしょうか。良いベテランはチームにとってプラスになるけれど、悪いベテランはチームにとってマイナスにしかなりません。

ビジネスの場でたとえると、「ぶら下がり社員」と呼ばれる人のイメージがあると思います。彼らは40代や50代で役職にもつけず、ただ自分たちが長く居続けていることに根拠のないプライドを持ち、若者の意見には一切耳を貸さず、会社の発展の妨げになる、いわゆる「給料泥棒」と言われている人たちです。若い層の社員たちが頑張っていてもネガティブな言葉を連発し、やり甲斐を削ぎたがるベテラン社員がいると思います。会社にとっていてもいなくても何の影響もないベテラン社員であれば、いない方が組織は円滑な流れを生みます。

「昔はこうだった、ああだった」「最近の若者はこうだ」とか言って、若者の意見やアイデアを軽視し否定することだけはひたすら早いのです。しかし自分のなかに新しい発想があるわけでもなく生産性も持ち合わせていない。このようなベテランは会社には必要ありませんし、組織にとっても望ましくありません。これが悪いベテランの典型です。

チームや組織の理想は、ベテランと若手が協力し合い、経験と新しい視点を融合させることです。ベテランは若手の意見やアイデアに対しても開放的であり、協力し、指導することが求められます。若手もまた、ベテランの経験や知識を尊重し、敬意を持って接する。相互の尊重とコミュニケーションを通じてチーム全体の力を最大限に引き出すことが大切です。

こうやって人も組織も成長していきます。ベテランと若手が両輪として上手く稼働することで組織の能力は最大限に発揮されます。これが組織としてできるかできないかはリーダーのマネジメント次第です。

一方で、悪いベテランとは、どう接するべきか？

どんな相手であったとしても、まずは尊重することです。実際に周囲からはそこまで力がないと評価されていても、これまでいろいろな経験を経て、周囲が知らなかったその時代をこの人は知っている、だからこそ「この人じゃないとできない」こと、「この人しか活躍できない仕事や役割」は何だろうと考えてあげるべきです。変にわだかまりが生じる関係性を構築することに意味はありません。

相手の経験値を信頼し、やり甲斐を持って振る舞うことができれば、その人の能力がポジティブに働き始める。良いところを見てあげながら、アドバイスを求めるなど適切に頼ることで、悪いベテランも良いベテランとして生き返らせることが可能です。そこがリーダーの真価が問われるところではないでしょうか。

【課外授業】

対談

FC町田ゼルビア監督

黒田　剛

Go Kuroda

サイバーエージェント代表取締役

藤田 晋

Susumu Fujita

なぜ、藤田晋は黒田剛を監督にしたのか？

〜スポーツエンタテインメントの未来像〜

２０２３年の日本のスポーツ界は大きな成長の年となった。ＷＢＣでのサムライジャパンの優勝と大谷旋風、バスケットボールワールドカップの日本代表の快挙、そしてサッカーではＦＣ町田ゼルビアのＪ２優勝・Ｊ１昇格が挙げられるだろう。

青森山田高校では〝名将〟と呼ばれた黒田剛監督の就任は「高校とプロは違う」「Ｊリーグをな

en

めるな」などメディアやSNSで散々に叩かれたが、終わってみると勝ち点87、得点79、失点35という堂々の成績で〝奇跡〟を成し遂げた。

奇跡にはもう一人のキーパーソンがいる。黒田剛の監督就任を決断した藤田晋さんだ。親会社であるサイバーエージェントの代表で、2022年12月からはゼルビアの代表取締役に就いている。もはや説明不要だろうが、ゼロから起業し、メガベンチャーを創り上げた人物だ。

今回、その2人のマネジメントの「天才」による夢の対談が実現した。

ビジネスは競争、サッカーは「超競争」

藤田　黒田さんをゼルビアの監督に抜擢したのは、差別化戦略です。Ｊクラブでの監督経験者や外国人監督などいろんな選択肢もありました。ただ、オファー可能な監督は、結果が出ていない人が多く、革新的な変化は起こすことができないのではないか。であるならば、未知の魅力に賭けよう、そのほうがよっぽどいい結果を出す可能性が高い、そう判断したんです。

ビジネスは「競争」ですが、サッカーは「超競争」です。誰かが勝ったら誰かが負ける、人気も売上も勝っているところが全部持っていき、負けているところが全部取られる、つまりゼロサムですよ。だから絶対に勝たないといけないのですが、他のクラブ

と同じことをやっていたら意味がないんです。だから違う分野である高校サッカー界から、プロの経験はありませんが〝名将〟と呼ばれた黒田さんを招聘しました。前例がない、といえばそれまでですが、これこそが他と違う差別化戦略です。こうやって52歳（当時）の新人監督が生まれました。

黒田　選んでいただき、ありがとうございます。

藤田　黒田監督を初めて知ったのは、監督候補の資料を見た時。そのリストを見た瞬間にこの人がいいなと感じたんです。

ちょうど2022年のオフシーズンの頃だったかと。前任のポポヴィッチ監督体制での3年計画の最終年でした。正直言って成績不振で、悪い結果が決定して、ちょうど来期に向けたフェーズを考えていたタイミングです。

当時は黒田監督について詳しくは知らずとも、サッカー界では誰もが知っている存在という認識でした。他の候補者も何人か挙がってはいたのですが「どこかで見たことがあるような人ばかりだな」という既視感があって、何かが違う気がしたんです。ゼルビアが昇格争いをしていて、わずかな差で昇格を逃したチームだったら別の考え方もあったかもしれません。ですが、２０２２年シーズンの結果は15位。他のクラブと同じようなことをやっていたら飛躍的な結果は出せない。そんな状況下での決断でした。

人生で最後の勝負

黒田 藤田さんに初めてお会いしたのは２０２２年12月頃です。フットボールダイレクターの原靖さんと3人でした。

藤田　今だから言えるのですが、黒田さんの監督就任については外野からネガティブなことを言ってくる人が結構いました。クラブ内からもそういった意見もありました。

共通して言えるのは「高校サッカーしか知らないんじゃないか」というもの。要は狭い世界しか知らない、プロでは通用しないという意見でしたね。でも、実際に黒田さんにお会いして思ったのは都会的で洗練されていた、あるいは視座が高いというか。とても学校の先生だとは思えなかったですよね、普通に東京都港区でよく会っている人って感じでしたね（笑）。とにかく、視点の高さ、知見の広さを強く感じました。

黒田　YouTubeやネットでも見ていましたが、藤田さんの印象はIT系の社長の中でも重鎮のお一人です。やっぱり凄く緊張も

しましたし、なかなか時間を作るのも大変だということを聞いていました。だから最初にお会いした時に感じたのは、意外にも凄くフランクだったこと。また、話しやすさ、目線を下げてというか、ビジネス色を感じさせないように配慮して気さくに接してくれたということが印象に残っています。

原さんが僕らの話を上手く引き出すための空気感や姿勢を作ってくれたのもプラスでしたね。だから、お酒もどんどん進んでいって最初の15分ぐらいで、お互いに酔っ払っていた感じはしましたけど（笑）。

藤田　最初は世間話からでしたよね。ちょうど２０２２年にカタールワールドカップ（以下、W杯）が開催されていた時期だったので、日本代表の話題になったんですよ。代表の試合に対するコメントなども、本当に視座が高いというか。もしも自分が日本代

表の監督だったらこうする、というような話がとにかく面白かった。

黒田　その時の話はもう覚えてないですけどね……。

藤田　クロアチア戦でＰＫ負けしたことに憤慨してましたよ（笑）。

黒田　ＰＫね、そう、それは覚えています（笑）。あの試合は決勝トーナメントの1回戦で、ノックアウト方式なので負ければ終わり。当然ＰＫの想定はされているはずです。例えば、高校サッカー選手権やインターハイは、決勝戦以外は延長戦もなく後半戦が終わればすぐにＰＫ戦なので、徹底的に準備はします。ところが、日本代表なのにＰＫについて研究がなされていないような印象を受けたんですね。キッカーをそのタイミングで選手たちに決

めさせる光景を目にしましたが、悪い意味で「目から鱗」でしたね。外国ではそういった例もあるようですが。PK戦に向けて綿密な準備や対策を講じているようには見えなかった。これが4年間の準備なのかと。過去のW杯での敗戦が活かされていないと思えたし、PKは「運」の勝負と解釈されていた。私の中でのPK戦は「心理戦」で、やらなければならない駆け引きはいくらでもありますから。勝利の確率を上げる作業はとことん追求すべきだと感じています。

（2010年の）南アフリカW杯の時と同じく、またもPK負け……何をやっているんだという思いから、藤田さんにそんな話をした記憶がありますね。過去の反省を活かせず、同じ過ちを繰り返すことが、私は一番嫌いなんですよ。

藤田　PKへの拘りやサッカーに対する分析が、他の人とは違う。

これが僕が感じた視座の高さの一つです。この時ゼルビアの現状も伝えさせていただいて、2022年シーズンがポポヴィッチ監督体制3年間の最終年でしたが、結果は15位……。

黒田　2022年シーズン15位という結果のチームなのでいろいろな改革をすべきだと思いました。監督就任後の翌2023年のシーズンでは新しい選手を19人も加えて、スタッフも大きく変えようとしていました。

以前からクラブは優勝や昇格というものに喉から手が出るほど飢えていました。自分を招聘してくれて、だからこそ覚悟とチャレンジャーの気持ちを持ってその仕事を全《まっと》うしていくべき。ただ、監督として目標設定がリーグの上位を狙うだけでは話にならない。

責任を持って、しっかりとやるべきことを整理をした上で、「J1昇格」じゃなくて、その上の「J2優勝」を目標に掲げました。

藤田　監督はこういったところからして、一切ブレていない。一貫しています。

黒田　見る人から見ると無謀だと思った人も多かったかなと。当時SNSなどでも懐疑的な言葉がいっぱい出てきていました。でも、自分の中には青森山田でやってきた約30年間の実績があり、勝利またはタイトルというものを24時間365日、徹底して突き詰める日々でした。しかも、あの雪国という環境で。雪のない地域と比べて数倍もの厳しい試練を乗り越えてきたという自負があって、それは本当に揺るぎないものだと感じていました。

藤田　最初から自信のようなものがあったんですか？

黒田　なんていうんでしょうか……今だから言いますが、根拠が

あるかないかは別として確信とまではいかなくても、実はそれなりに自信があったんです。新しい戦力を加えたことによって、刺激的に自分を奮い立たせてくれるメンバーが集まってくれた。ただ、自分がプロの世界でキャリアを積んだことがない、そこは唯一の未知数であり、とても不安でした。

自分が順応できるのか、戦えるだけの物差しをしっかりと確立できるのかどうか。それさえできれば、絶対に戦える！　だからこそ、優勝という目標を掲げてやるべきだと。どこにも負けないマネジメントをして、揺るぎない覚悟と決意を持って臨もうと決めていました。

藤田　このメンバーで戦っていこうというのはいつ頃から考えていたのですか？

黒田　実はこれも打診を受けた時からなんです。例えばコーチは誰とやりたいとか、どういうメンバーでやりたいっていうのは大体頭にありました。

ただ、プロでやってきたわけではないので多くの選手のことを知りません。そこでヘッドコーチに就任してもらったキン・ミョンヒもそうですが、Ｊリーグをよく知ったコーチを側《そば》に置くことで、いろんな情報を入れてもらいながら判断していきました。

藤田　ヘッドコーチの存在は大きいと見ていました。

黒田　そうなんです。ミョンヒはサガン鳥栖でアカデミーやトップチームの監督を経験してきました。気心も知れているし、Ｊリーグの経験がない自分にとっては貴重な存在です。

青森山田時代、ユース年代の全国大会では僕がイーストでチャンピオンを続けてきたし、ミョンヒはウエストでサガン鳥栖を率いてチャンピオンになった。だから、この東と西のユース年代のチャンピオンとなった監督同士が集結することは、この上ない強みになる。我々がタッグを組めば恐ろしいことができる、と開幕前に話し合っていました。

藤田　僕のスタンスは基本的には自分の好きなように考え、自分のアイデアで好きにやってもらうというもの。そしてダメだったら僕自身が責任を持つというものです。そうでないと途中でいろいろ言われて最後に責任を取れと言われても、本人も困ります。だから、最後まで支援するというのが僕の基本スタンスです。監督からは無茶な要求は一つもなかったですしね。

黒田　今回のお話を藤田さんから受けた時、私は52歳。このまま

青森山田で、そして育成の世界で退職までの13年間、強豪チームの監督として過ごすこともできました。

ただ、本当に自分の人生はこれでいいのか……。

青森山田をここまで作り上げてきたという自負もありつつ、そろそろ監督を次に引き継いでいかなければならない時期だということも深く考えていたタイミングでもありました。

何度も何度も悩み、考えました。ただ、こんなに有り難く魅力的なお話が自分の人生に不意に訪れたのです。教員生活30年、ここまで必死にやってきた自分を「プロ監督」として必要としてくれたのです。過去に前例がほぼないだけに不安要素はいっぱいでしたよ。でも、今この船に乗らなかったら次はあるかわからない。自分の前に現れたこの船に今乗り込まないと一生後悔するかもしれない。人生、何歳からだってチャレンジはできる。自分自身が後悔しないために、これが人生で最後の勝負だと思って腹を決めました。

「J1昇格」ではなく「J2優勝」を目指す戦略

藤田　「J1昇格」を目指すチームと「J2優勝」を目指すチーム、何が違いますか？

黒田　やっぱり優勝するチームは隙がないチームです。それから「勝者のメンタリティ」を持つ組織にすることです。勝つための思考をチーム全員が持ちつづける。あとはそれを習慣にすることです。良い習慣、勝つための習慣というものを組織内にいかに早い段階で浸透させていけるか。そうすることによってチームからいろんな良い発想や良い行動というものが生まれてきます。

　こういった流れを1日でも早くチームや組織の中に落とし込み、かつ実践させていくことが大事です。勝つための思考に選手たち

がなってくると、こちらが細かいことを言わなくても自ずと能動的な活動や行動が伴っていきます。こういった歩み方をしてくれるのが組織にとっても最も重要なことかと。

藤田　これ、めちゃくちゃいい話ですよね。サイバーエージェントの社内でもこういった内容で講演してもらったのですが、大好評でした。

黒田　やはり、やるからには優勝しかありません。今まで青森山田で指導者をしてきた約30年もそうであったし、日本一を目指さないスタートはあり得ません。

J1昇格の2位以内が目標となった時点で、1位を目指すコントロールやチームマネジメントは絶対にできません。1位と2位のマネジメントはまったく違います。優勝を目指すには、どこよ

りも抜きん出たチームマネジメントをしていかなければいけないと思っています。

藤田 （J1昇格を決めた）ロアッソ熊本戦の後の会見で、僕は「賭けに勝った」とコメントして、それが多くのメディアに流れました。このコメントは、黒田監督と最初に出会った時に1年で昇格させようと話し合ったことからきています。僕も望んだことですし、黒田監督も本気でそれを目指していました。プロ監督としてのキャリアも最初の1年が最も大事だと思っていましたし、いろんな意味で考えが合致しました。ただ、まあ、単純に言うと予算が増えることは覚悟したんですけど（笑）。

黒田 ありがとうございました（笑）。

藤田 仮に実現しなかった場合ですが、掛けたコストだけが残っ

て売上は伸びないまま、地獄のような２年目を迎えることになります。そういう意味で「賭けに勝った」ということです。僕も勝ったし監督もプロになった初年度のキャリアとして個人的に勝ったと。

これもあまり言っていないのですが、優勝を目指すと言われましたが、正直言うと僕は優勝じゃなくてもよかったんです、Ｊ１へ行ってくれれば（笑）。

黒田 それは初めて聞きましたね（笑）。

藤田 ただ、黒田さんがセンスいいなと思ったのは「優勝を目指す」と言って、本気でふさわしい戦力を揃えて準備をやってくれたことなんです。最後に惜しくも敗れて２位でもＪ１に上がれるじゃないですか。

だから、優勝を目指すという目標を掲げることは凄く大事なこと。僕も過去には売上３００億円を目指すとか１０００億円を目指すと言いました。まだ売上が5億や10億の時です。それが今は近い数字にまで伸ばせたのは、最初にデカい数字や目標を掲げたからです。それと同じ感覚がありますね。

ネガティブな要素をすべて潰していく

藤田　熊本での試合後に「（黒田監督は）グループ会社の社長になっても結果を出しそうです」と何かの質問に答えたんです。安心してグループ会社の社長を任せられる人というのは特徴的な部分があります。それは、最初に凄くネガティブに考えて徹底的に

対策してから、最後に送り出す時だけポジティブなタイプです。

グループ全体で多いのは、ちょっといいところまでいくと「完璧だ、飲みに行こう！」みたいな最後の詰めが甘いタイプ。それに比べて黒田監督はネガティブ面を徹底的に潰すための準備を本当にしっかりやっている。この部分が非常に大きいんじゃないかと。

フロント側から見ていて感心したのは、黒田監督は僕なんかが思いつく懸念点は先に気づいて潰してしまっていたことなんです。だから、やれるべきことを全部やりきって最後に送り出す時は絶対に勝つぞ！　と。さらに感心したのは、最後の最後には神社へ行って神頼みまでされていると聞きました。オカルトを信じてるような人は普通そんなに準備はしないです（笑）。

黒田　それは私にとって特別な習慣になっています（笑）。ギリ

ギリの勝負、究極のところで自分の「勘」を信じたいからなんですよね（笑）。監督として日々の采配に正解などありません。だから正解でも不正解でも、最後に「成功」に繋がっていくことを祈っています。そして試合で勝っても負けても、日頃の感謝の気持ちを伝えるために通っていますね。

藤田　すべてを準備して最後は運でも負けたくないので、神頼みに行ってるわけじゃないですか。つまり、不運で負けるという懸念点さえも潰しているんですよ。これで運悪く負けたら、たまらないですよね（笑）。

藤田驚愕！　黒田監督の言語化能力の秘密

藤田　黒田監督の強さの一つとして高い言語化能力があります。先日も社内で講演をしてもらったのですが、言葉を集めることに苦労されていて1週間ぐらいを費やすそうです。

講演を聞いていてわかったのですが、同じ言葉を言われると辛いですよね。限界まで走った選手が試合に負けて「もっと走れ」と言われたら、もうやってらんないとなるわけです。黒田監督の場合は話の視点を変えて、言葉を変えて、一人ひとりに伝えていく。言葉を変えて伝えられると改めて頑張ってみようと思う。でも、長いシーズンを通してかける言葉を変えていくのは大変なことです。

黒田　伝えるということは、伝えられる側がどのような言葉をどのタイミングで聞きたいのかを察知した上で「伝える」ということです。言いたいことを一方的に伝えたり、相手に響かないタイミングでも強引に伝えたりするのは、伝えたことにはなりません。あくまでも「聞く側」の都合が重要だということです。指導現場では、パフォーマンスを発揮しやすい言葉や、モチベーションが上がりやすい言葉を選択して伝える必要があるということです。なので、こういう言葉をかけてもらったら自分だったら頑張れるなっていう言葉や情報を探し続けることが私の日課なんです。

試合前のミーティングで使用するパワーポイントのスライド、たった2枚を1週間かけて作成するんですが、士気を上げるために有効な言葉や情報、そのチョイスや効果をずっと考えています。30年の教員生活の中で習得してきた言葉がいっぱいあるんですが、

その都度、状況をみて最適な言葉をチョイスしていかなければなりません。

藤田 その準備に1週間かける、というのが凄い。

黒田 Jリーグの長いシーズンの中で、第1節や第2節に伝えた同じ言葉を第10節で使うのは違います。第15節に持ってきてもおかしいし、20節も違います。極端にいえば40節と41節の間はたった1週間しか空いていないけれど、かける言葉は変えるべき。流れやチーム全体を考えながら言葉選びをしています。

だから、いつも同じ言葉を選手に使っていても、モチベーションを維持できると思うのは間違っています。人間をコントロールする以上は、人の心も表情も、チーム組織であっても、毎日その姿や思考は変わっていくことを認識すべきなのです。その時に一番新鮮な言葉でアプローチしていかなければ、人の心は動かせません。

藤田さんのマネジメント力として感じたところは、話しやすいことです。様々な企業のリーダーと話をする機会がありますが、距離感があったり、話しづらい空気感があることが多いです。藤田さんはそんなことがまったくないというか、これだけの人なのに、そういった部分が一つもないと言っていい。

信頼できる部分としては、いつも温かい心で見守ってくれていることです。こちらにすべてを任せてくれるところは本当に有り難いと思っています。よく聞くのは先発メンバーまで口を出す社長もいるそうです。そういうこともなくしっかり任せてくれます。

藤田　それはどこのチームなんでしょうか（笑）。

黒田　人の話をよく聞いてくれて、それに対して「これ面白いですね」と感想も言ってくれます。だから、自分の歩いている方向や立ち位置がわかりやすい。これは間違った方向に行ってないというのは社長が共感してくれれば自分も理解できます。

だからこそ今は本当に上手くいっているし、みんな信頼し合って関係性を構築できています。これこそが今回の優勝や昇格というものに結びついているんだと純粋に思っています。

結果が出ていない組織は、こう変えていく

黒田　経営の経験の長い藤田さんに具体的に聞いてみたいのです

が、結果が出ていないチームや組織を変えるために必要なことは何だとお考えですか？

藤田　例えばですが、サイバーエージェントだと「ＫＫＫ会議」と呼ばれている「企業価値改革会議」があります。

業績が悪化している関連子会社や部署内の事業をＫＫＫ会議に送って、第三者が分析、事業をやめるか、トップを代えるか、存続させるか……いずれにしても何らかの決断を出さないといけません。ダラダラとやり続けるのが一番最悪です。一度ちゃんと審査して存続という決断ならそれでいいのですが、いずれにしても何か手をつけなければいけません。

ただ、サッカーチームというのは毎週が天王山みたいなものです。あれはキツイですよ。Ｊ１昇格プレーオフの決勝戦（２０２

3年12月2日、国立競技場、東京ヴェルディが引き分けてJ1昇格）のような試合であれば誰でも熱弁が振るえると思いますが、毎週のリーグ戦の勝負どころで、その間に天皇杯やカップ戦が入るのにもかかわらず、言葉を変えながら伝えるというのは難易度が高いです。

黒田　私から藤田さんへ問い合わせることはほとんどなかったです。チームのことになるとフットボールダイレクターの原さんがいるので、彼の立場、責任、プライド、または彼の面目などいろいろなものを立てなければいけません。この関係性の秩序を乱すということは絶対にしてはいけないと思っています。藤田さんへの連絡は、誕生日に「おめでとうございます」とメッセージを送るとか、それくらいですかね。

藤田　お金がかかる時に原さんからは連絡がきますけど（笑）。

それ以外はやはり専門性をちゃんとリスペクトしているのでお互いに余計な口を出さないようにしています。試合に負けた時とか特に会わず、監督も会いたくないかなとか気を遣ってサッといなくなるようにしてますね。

二人の共通点。献身性、勝負勘、腹のくくり方

藤田　黒田監督とはよく似ているなぁと感じていました。献身性、勝負勘、腹のくくり方などです。根っこがまったく同じで、負けず嫌い。やっぱり勝つことが非常に大事で、逆に言うとプロセスが大事だとよく言われますが、これも勝ってこそプロセスの意味も出てきます。大体勝つとプロセスも評価されますが、負けると評価されません。そういったところの腹のくくり方はお互いに似

ていますが、手法は全然違いますね。監督も言っていましたが、そもそもサイバーエージェントの経営はリーダーの「献身性」を大事にしているんです。社員がパフォーマンスを上げられるように環境をしっかり整えることが重要です。

社員には自分たちで決めて自分たちで責任を持ってやってもらえればいい。自由と自己責任みたいなのを社員やグループのリーダーに持たせて、その能力を引き出して、結果を上げていくというのが基本スタンスなんです、僕の場合は。一部、AbemaTVなどは直接関わっていますが、それ以外は基本的にこのスタイルです。ほぼ口も出さないです。

黒田 私も藤田さんとはよく似てるなと思いますね、言うことも感じていることも。あと、やはり勝負勘の部分でしょうか。

藤田さんは、確か1998年にサイバーエージェントを起業されましたよね。当時、弱冠24歳だったと思います。立ち上げてたった2年でマザーズ（現グロース）上場を果たしています。このスピード感、感覚、感性、それと実行力。実行力に長けていないとここまでの事業をできるわけもなく、そこには巧みな戦術だとか戦略というものがきちっと調和して、初めてそういった結果となって見られると思います。

サッカーも短期決戦で勝負しなければなりません。2年、3年と待っていられない、今この時点で何ができるかを追求していく。そういった勝負すべきところをのんびりすることなく、1日でも1分1秒でも早く、そこにかけて実践していく気質というか、感覚、思考はすごく似ているなという感じがしますね。

　大きい組織か小さい組織かは関係なく、その感覚がなければ組織は動かせない。やはり、似ていますね（笑）。

藤田 逆に、黒田監督と違う点は、黒田監督は細部まで指示を出すというところでしょうか。サッカーチームを直接率いていると、細かいプレーにもしっかりと駄目なところを伝えないと選手もわからない部分があると思います。任せますとか言っている場合じゃないので、立ち位置が全然違うと思います。

黒田 いやいや恐縮です。もう、持っているものが違いますからね。かたやIT系の社長で、私はパソコンで指２本しか使えませんから（笑）。

藤田さんから、学ぶべき点は本当に多いです。何でも迅速に動けるフットワークは凄い。時間がない多忙な状況にありながら、ゼルビアの試合にくるところをはじめ、様々な子会社に対しても同じことをされているのではないかと推測します。

藤田　ホームの町田ＧＩＯＮスタジアムへ行くと「本当に忙しいのに町田に来てくれて嬉しい」と言われるのですが、ゼルビアの試合を見ることが、僕の２０２３年の最大の娯楽でした（笑）。仕事だからやむを得ず行ってるわけではなかったのです。

でも、やはり監督もおっしゃっていましたが、勝負勘や勝負強さみたいなのは僕も割と褒められるところではあります。非常に重要ですよね、勘の良さは。黒田さんのセンスの良さはよく感じるところですが、サッカーの試合でも僕がちょっと気になるところを先に手を打ってきます。

黒田　毎週サッカーを見ていて、勝った時とか負けた時とかで気持ちや感情は結構変わりませんか？

藤田　かなり感情の上げ下げが抑えられなくなって、負けると相当凹みますね（笑）。おそらく僕だけでなく選手やスタッフ、監督も負けると相当不安になると思います。次また負けるのではと気になってきます。そうすると、転げ落ちていく良くない未来を想像してしまう。逆に勝つと本当に凄い強気になって「Ｊ１確実でしょ」となるのですが、もちろんそういった感情は抑えないといけない立場にあります。監督はそういった感情のコントロールを常にやっているんだろうなと感じていますね。

あちこちで話していることですが僕は競馬や麻雀が大好きです。でも、今はサッカーが一番面白いですね。世界中の人々が熱狂するだけはあるなと思っています。

サッカーのプレー経験はないのですが、２００６年に現在の東京ヴェルディのフロントに入って経営に携わってから、結構のめ

り込んでいった感じです。あの頃はＩＴ系の企業がプロ野球の球団などスポーツクラブを持つのがブームのようなところがありました。その流れに乗った部分もありましたね。

黒田　ところで藤田さんにとって2023年シーズンで一番興奮した試合は。

藤田　なんだかんだいっても昇格が決まった熊本戦でしょうか。他にもいっぱいありますが、終了間際で勝ち越したホームでの清水エスパルス戦も印象的でしたね。おそらくサポーターの皆さんも同じことを言っているかと思います。あとはアウェイのジェフ千葉戦とかも鮮明に覚えていますね。

Z世代の感情のコントロール法とは

黒田 ところで私が日頃から常に意識しているのは「感情」をコントロールすること。いくつかある感情の中でも特に「悲劇感」は、人の心や行動を強く動かす大きな要素です。

藤田 僕も「悲劇感」のコントロールというのは、よくわかります。僕自身は凄く大きな夢を持って頑張ってきたと周りからも思われていますが、それは全然逆なんです。下から火であぶられるように頑張り続けてきたところがあるんです。既にたくさんの人を採用してしまっているので、やるしかないみたいな感じで、やらなかった時の怖さを原動力にしてきたところがあります。人は高い目標や夢を持って頑張るというだけでは無理ではないでしょ

うか。

特にZ世代で括るなら、夢のある世界というのは今の日本では少ないので、感情のコントロールという手法は単純に正解だと思います。

スポーツビジネスの未来、鍵は「グローバリゼーション」

黒田　藤田さん、スポーツビジネスの未来をどのように考えていますか。

藤田　やはり「グローバリゼーション」だと思います。世界の市

場を視野に入れないと今後のスポーツビジネスでの成長は難しいです。

なかでもサッカーは、みんなが見ているヨーロッパサッカーにお金が集中します。選手の年俸も高くて優秀な選手が世界から集まるという循環になっていて、そこに対抗し得るにはＪリーグも世界から見られるようにしなければいけません。

日本でも優秀な選手が代表に選ばれますが、そのほとんどが海外クラブの所属です。海外移籍は普通ですし、外国人選手には外国人枠があって、それには元々の事情があるので簡単には難しいでしょうけど。イコールフィッティング（条件を統一）しない状況で、Ｊリーグはアジアを代表するリーグにすると言っていますが、市場を大きくするような工夫がリーグ側に必要です。

やはり、この選手がJリーグにいるから見たいと思われる外国人選手を多く連れてきて活躍させないと世界に売れないです。逆に超ドメスティックに日本のプロ野球みたいに移籍などガチガチにして、国内で盛り上げるという方法もあるのですが、サッカーは絶対そちら側は向いてない。やっぱり世界中から見られるリーグにしていかないといけない。優秀な選手がどんどん海外に出ていくだけで、その残りで試合をしているリーグということになってしまいます。

ゼルビアの未来、日本サッカーの未来

藤田　ゼルビアの今後や未来について、どういったものを築いていきたいですか。

黒田　Ｊ１はＪ２より数倍過酷なリーグ戦です。それは承知の上で、また私にとっても初めてのリーグということで、新たなチャレンジとなります。もちろん不安もありますが、ワクワクする気持ちの方が正直強いです。

２０２３年の１年間は戦うためのベースづくりの時期でした。ある意味どこのチームよりも細かく選手たちに原理原則などを落とし込んできたし、Ｊ１でこのベースがなくなってまったく違うことをするということはなく、継続していきます。戦う意味でのメンタリティをしっかりとベースにした上で、クオリティの高い選手を入れたり、さらにテクニカルに、またはスピーディーに攻守の切り替えを激しく、球際もさらに強く……というふうにすべての部分でグレードを１段階、２段階と上げていく。そして、Ｊ１でも手強いチームへと進化させていく。自分の中でも具体的な

イメージをしっかりと持って、準備を着実に進めていきたいですね。

藤田　将来という話をすると日本の地域に根ざしたリーグやクラブ経営というのは、どうしても商業圏という意味では大きくない。世界の中で戦うとなると苦しい部分があるのですが、一方で、地域マーケティングには一定の可能性を感じています。

２０２３年はゼルビアも勝てば勝つほどファンやサポーターが増えていくというのを狙っていましたし、実際にそうなりました。優勝パレードの時の町田の街頭にいたのは、多分ですが、半分以上がスタジアムには来たことがない人のように感じました。その人たちがパレードを見たということはまだまだポテンシャルがある。地域に愛されるクラブづくりというのは本当に正しいやり方だし、高い可能性を感じています。

本業がＩＴなのでネットを使ってファンクラブを作ってほしいと言われますが、結構幻想なんですよね。もっと重要な論点はやはりグローバリゼーションです。ネットによりボーダーレスになったことで、簡単に海外のスポーツを見ることが可能になった。そこでやはり見たいと思えるものにしないといけない。我々も日本のスター選手がイングランドのプレミアリーグに行けば、今まで視聴することがなかったブライトンの試合を毎試合見るように、海外のスター選手がＪリーグに来ればその可能性ももちろんあります。だから、少なくともアジアの中では一番注目されるリーグにしないといけないと思いますね。

黒田 日本サッカー全体の未来としては、協会の目標として男子代表が世界のトップ10になること、また、２０５０年のワールドカップ優勝という相当高い目標を持っています。そのなかで、２

024年時点での立ち位置を見て、いま順調に歩んでいるのかどうか……ということに停滞感じゃないですが、もっと厳しく目を向けていかなければいけない部分もあります。そうしなければ、日本のサッカーは大きく前進していかないと感じています。

だから、Jリーグや日本サッカー協会主導ということになるのかもしれませんが、クラブの監督やオーナー、アマチュアでも2種や3種の指導者たちも含めて意見を吸い上げながら、みんなで日本サッカーを強くしていくという視点をもっと持つべきではないでしょうか。あまり閉鎖的にならずに、もっと柔軟にいろんなことを捉えて世界で活躍できるようにしていくべきかなと。

今は世界の5大リーグに頼っている部分があります。やはり、そういったところにJリーグが仲間入りできるようなレベルアップを図っていき、そのために何が必要か？　をいち早く察知して、

もうそろそろ行動を起こしていかないといけません。いつまでも今のような閉鎖的な状況下でやっていくことは良くないと思っています。もっと良いものには目を向けて積極的に動いていく必要があるのではないでしょうか。

藤田　僕としてはとりあえず黒田監督のプロとしての船出が大成功に終わり、そのプロジェクトの一員だったことは凄く誇らしいし、嬉しいです。このままＪ１でも結果を出していくと、当然ながら他のクラブから高額のオファー、いずれは日本代表監督という話も出てくると想像しています。こうなったら、そこまでいってほしいなと。

黒田　いろんな意味で２０２３年は本当にたくさんの方に支えてもらったし、次はＪ１の新たなステージです。またちょっと違う視点で、大きく支えてもらうところも出てくると思います。２０

２３年と同様に、また三位一体となって凄く楽しく、そして強いゼルビアを構築するために一緒に戦ってほしいと思っています。しばらくはゼルビアというクラブに気持ちを込めて戦う決心をしています。

藤田　早く日本代表監督候補に黒田監督の名前が挙がる日を待ち望んでいます（笑）。

あとがき

epilogue

２０２４年シーズンは、クラブにとっても私にとっても、Ｊ１リーグ初挑戦となりました。これまでご尽力いただいた藤田晋社長をはじめとするクラブスタッフ、コーチングスタッフ、ファン・サポーター、スポンサー、パートナー企業、そして応援してくださるすべての方々には感謝しかありません。

まだリーグは日程を半分消化したところですが（執筆時）、後半戦に向けて身の引き締まる思いです。そして、Ｊ１リーグ初参戦での首位ターン（Ｊリーグ史上初の記録）には、正直驚いています。当初掲げた目標に向けて日々奮闘していますが、選手たちが誠実に課題と向き合い、向上心を持って必死に取り組んでくれている成果だと感じています。

Ｊ１リーグは、どこのチームも選手一人ひとりのスキルアベレージが高く、いつも厳しい試合を強いられていますが、昨年から取り組んでいるＦＣ町田ゼルビアのチームコンセプトが高いレベルでも通用していると実感できたことが一番の収穫だと思っています。

我々がＪ１リーグに初参戦するにあたって最初に掲げた目標は、５位以内、勝ち点70以上です。この目標については今の時点で変わることはありませんが、もし第30節くらいまで現在の首位圏内を維持できていたなら、改めてさらに高い目標を設定することもあるかもしれません。今はそれに向けて頑張っていくしかありません。

あまり気にしていませんが、ゼルビアの監督就任時から、ネガティブな声は、嫌でも耳に入ってきます。ＳＮＳなどで目にする多くは、あえて炎上を煽ったものだったり、捏造された情報ばかりなので不快には思いますが、これは自分でコントロールできるものではありませんので諦めています。我々にはFC町田ゼルビアや私個人を熱く応援してくれているファン・サポーターがたくさんいますので、応援してくださるすべての方たちのために無心に頑張るだけだと思っています。外部の声を気にしていたらチームとして大きく前進することはできませんので、基本的には静観することがベストな選択だと思っています。

我々プロの世界は「結果」がすべてです。どんな雑音や雑念にも惑わされることなく突き進んでいかなくてはなりません。多くのメディアに取り上げていただけることに感謝し、これからも全力で戦っていきたいと思います。

セットプレーについてはいろいろな見方があるかもしれません。サッカーというのは限られた時間内に得点を取り合う競技です。ましてやプロであれば勝負事に妥協など一切ありません。そんななかで我々にとってセットプレー（ロングスローを含め）は絶対的な武器となっています。これは攻守において世界でも重要視されていますし、リスタートコーチを置いているクラブも多くあるくらいですので、勝負の明暗を分けると言っても過言ではないほど重要なものと捉えています。

自分たちの意図するサッカーを志向するのもサッカー、相手に意図するサッカーをさせないのもサッカー、様々な考え方や戦術、戦略があるからサッカーは面白いのです。J1リーグではこれまで使われてこなかったロングスローも攻撃の手段としてとても有効に機能しています。今後、対戦相手も研究を重ね対策することで、お互いに切磋琢磨し、J1リーグはさらにレベルアップしていくと感じています。

サッカーチームに限らず、どんな組織でも結果を出すためには、「組織マネジメント」の重要性が挙げられると思います。それは選手、社員、部員、メンバーなどにとって有効なものでなくてはなりません。組織の一人ひとりが「やり甲斐」や「生き甲斐」を持って、生き生きと活動できていることが最適です。組織の一員であることとその責任を自覚させ、常に著しい成長と活性化を促していくことが「生きた組織」の有効な導き方となるのです。学校組織であろうと、会社組織であろうと、プロ組織であろうと、人と人とが繋がっている以上、同じ感覚になることが重要だと思っています。私のこれまでの結果や実績も、ここが大きなポイントになっているのだと思います。

私の思考や方法論、習慣は一貫しています。良い思考や良い習慣こそが、日々の行動を変え、個人や組織を成長させます。極端にいえば、これ以外には自分の人生を変える術はないとも考えています。

有り難いことに、ゼルビアは本当にたくさんのファン・サポーターに応援していただいています。特にここ一年は幅広い層のファンに恵まれるようになりました。嬉しい限りです。

町田という地域は、私が幼少の頃からサッカーが盛んで、行ったことはなくても名前は知っていました。町田の方々はとても温かく私を受け入れてくれましたし、いつも素敵な言葉をいっぱいかけてくれます。私の思いは「この町を全国に知らしめたい」「この町を笑顔でいっぱいにしたい」「この町をもっと活性化させたい」、この3つです。

そしてFC町田ゼルビアが町田市民の誇りとなり、市民の生活の一部になることが最高の願いであり喜びです。そのためには、もっともっと勝利で貢献したいし、結果で応えたいと思っています。我々ＦＣ町田ゼルビアは、地域と共に成長し発展していきたいと思っています。皆さんと一緒に明るい未来を築いていくことを心から楽しみにしています。

２０２４年９月５日

ＦＣ町田ゼルビア監督 黒田剛

黒田 剛

くろだ ごう

1970年生まれ。大阪体育大学体育学部卒業後、一般企業等を経て、1994年、青森山田高校サッカー部コーチに。翌年、監督に就任。以後、全国高校サッカー選手権26回連続出場、同大会を含む計7度の全国大会優勝に導く。2023年にFC町田ゼルビアの監督に就任。

staff

装　丁　マッシュルームデザイン
撮　影　杉田裕一
構　成　上野直彦
協　力　岡田敏郎(FC町田ゼルビア)
編集協力　専徒令圭

勝つ、ではなく、負けない。

結果を出せず、悩んでいるリーダーへ

2024年9月5日　第1刷発行
2025年5月25日　第5刷発行

著　者　黒田 剛

発行人　見城 徹
編集人　舘野晴彦
編集者　森田智彦

発行所　株式会社 幻冬舎
〒151-0051 東京都渋谷区千駄ヶ谷4-9-7
電話 03(5411)6269(編集)
03(5411)6222(営業)
公式HP:https://www.gentosha.co.jp/

印刷・製本所　中央精版印刷株式会社

検印廃止

ISBN978-4-344-04335-0 C0095